（第2版）（修订本）

危机环境下的领导力

沙克尔顿的领导艺术

［美］丹尼斯·N·T·珀金斯（Dennis N.T.Perkins）
玛格丽特·P·霍尔特曼（Margaret P. Holtman） 著
吉利安·B·墨菲（Jillian B. Murphy）

冯云霞 笪鸿安 孙怀宁 译
徐 中 审校

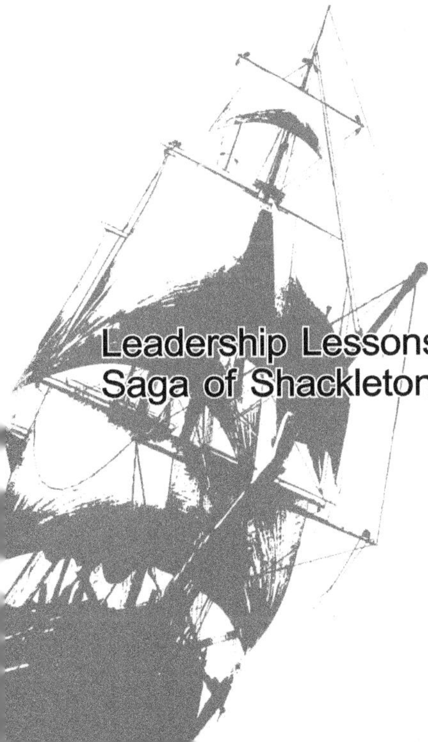

Leading at the Edge

Leadership Lessons from the Extraordinary Saga of Shackleton's Antarctic Expedition, Second Edition

電子工業出版社
Publishing House of Electronics Industry
北京·BEIJING

Dennis N.T. Perkins with Margaret P. Holtman and Jillian B. Murphy:
Leading at the Edge: Leadership Lessons from the Extraordinary Saga of Shackleton's Antarctic Expedition,Second Edition

版权贸易合同登记号　图字：01-2013-0887

图书在版编目（CIP）数据

危机环境下的领导力：沙克尔顿的领导艺术 /（美）珀金斯（Perkins,D.N.T.），（美）霍尔特曼（Holtman,M.P.），（美）墨菲（Murphy,J.B.）著；冯云霞，笪鸿安，孙怀宁译. —2 版（修订本）. —北京：电子工业出版社，2016.5

书名原文：Leading at The Edge: Leadership Lessons from the Extraordinary Saga of Shackleton's Antarctic Expedition, Second Edition

ISBN 978-7-121-28526-4

Ⅰ. ①危… Ⅱ. ①珀… ②霍… ③墨… ④冯… ⑤笪… ⑥孙… Ⅲ. ①领导学 Ⅳ. ①C933

中国版本图书馆 CIP 数据核字(2016)第 069448 号

责任编辑：刘淑敏
印　　刷：北京虎彩文化传播有限公司
装　　订：北京虎彩文化传播有限公司
出版发行：电子工业出版社
　　　　　北京市海淀区万寿路 173 信箱　邮编 100036
开　　本：720×1000　1/16　印张：15.75　字数：203 千字
版　　次：2013 年 7 月第 1 版
　　　　　2016 年 5 月第 2 版
印　　次：2022 年 9 月第 16 次印刷
定　　价：58.00 元

凡所购买电子工业出版社图书有缺损问题，请向购买书店调换。若书店售缺，请与本社发行部联系，联系及邮购电话：（010）88254888，88258888。
质量投诉请发邮件至 zlts@phei.com.cn，盗版侵权举报请发邮件至 dbqq@phei.com.cn。
本书咨询联系方式：（010）88254199，sjb@phei.com.cn。

推荐序一

我和沙克尔顿的几次“相识”

行知探索集团创始人　曲向东

2009 年 1 月 15 日，我第一次沿着沙克尔顿的足迹前往南极，当时通过船上的海事卫星发了一条微博。我印象很深，当时说“一定要写下这几句话”：

“2009 年 1 月 15 日。今天从南乔治亚岛横渡西风带和德雷克海峡的东端，奔向南奥克尼群岛，之后转向沙克尔顿和他的同伴们登陆待援的大象岛。严重晕船，卧床不起，越发感慨沙克尔顿创造的奇迹，一定要写下这几句。这一段路，我们 13 000 吨的现代化巨轮，开足马力日夜兼程，至少要 3 天；而沙克尔顿和他的两个同伴，生生用双手划桨（也许有简易自制的帆？），用小小的救生船，16 天时间，横渡了 1 400 公里！我们现在是 1 月，南极的夏天，外面天气晴好的时候零上几度，阴天会降到零下七八度；而沙克尔顿横渡这里是 5 月上旬，南极的初冬，海面温度始终在零下十几度到零下二三十度。他们要绕过数不清的冰山……我相信，沙克尔顿出发时，与其说抱着必胜的信心，不如说抱着必死的勇气。

但我更感佩沙克尔顿的同伴们对他的极度信任。至少我不相信，有人能在这样的冰海之中，用小小的木船和赤裸的双手，横渡 1 400 公里，并且还能活着回来解救他们。

这样的信念和信任来自哪里呢？”

这是我第一次认识沙克尔顿。在去南极之前，沙克尔顿对于我而言，仅仅是一个名字而已。但是就在这短短的两三天里，这名字瞬间变得鲜活，但又那么难以置信。

第二次遇到这个名字，是 2010 年 12 月。我在南极大陆俄罗斯的科考站等着飞往南极极点的飞机，看到了一本关于南极探险家的英文书，其中有一段对斯科特和沙克尔顿的评论，让我印象深刻。书中大意是，斯科特在南极极点遇难之后，迅速成为英国的英雄，他的画像，很快就被悬挂在英国名人堂里——通常情况下，著名人士只有去世二三十年之后，才会享有这样的地位。但是沙克尔顿，他带着探险队从南极大陆成功脱险返回的时候，正值第一次世界大战爆发，整个世界在一片混乱中几乎忘记了这位总是“失败”的探险勋爵。在那个年代，为使命和目标献身的斯科特是民族英雄，而始终没有到达南极极点，也没能如愿以偿地穿越南极大陆的沙克尔顿，则只能默默地被遗忘。但第二次世界大战之后，50 年代开始，似乎一切慢慢在转变，斯科特的光环在逐渐淡化，而沙克尔顿，则以“探险史上最伟大的领队”的身份，出现在英国名人堂。我隐约记得书中的一段评论：“以人为本的英雄时代到来了。”

第三次，是在 2011 年，那时候我们已经创办了中国第一个专业的极地旅行机构——极之美（2010 年成立）。极之美最经典的南极旅行，就是“沙克尔顿之路”。我们研究了大量关于沙克尔顿的资料，这一次，沙克尔顿已经越来越鲜活了。

“只有 156 公里了，他就会成为人类历史上第一个征服南极极点的英雄，但为了队友的生命，他放弃了。如果以是否抵达极点来作为衡量成功的标准的话，沙克尔顿几乎所有的探险都是不成功的。然而，作为一个领导者，沙克尔顿无疑又是最出色的。他两度创造了人类探险史上最伟大又最感人的生命奇迹。他的队友们在几十年后依然会带着孩子们远赴南极去朝拜他的墓地。他们毫不夸张地称呼他为‘有史以来最伟大的领队！’。

3 年后，挪威探险家阿蒙森，沿着沙克尔顿的足迹，完成了他未竟的156 公里，成为第一个抵达南极极点的英雄。但谈到沙克尔顿，他总会低下自己骄傲的头颅：‘勇气和毅力能够创造奇迹。那个人（沙克尔顿）实现了我所见过的最伟大的奇迹。’”

这是我在项目介绍中充满敬意地写下的一段话。那时候沙克尔顿已经成为我所创立的行知探索元领导力实践中心和极之美极地旅行机构的双料案例。“元领导力”这个新的领导力概念，很大程度上也是来自沙克尔顿的故事。

为什么？

通常我们介绍领导力的时候，都会引用基辛格博士的那个著名的定义：“领导力就是带领人们从他们现在的地方，到他们从未去过的地方的能力。”但是，带领者、领导者本人呢？一个领导者自己也从未去过的地方，他又如何“带领”自己呢？

如同行知探索策划实施的颇具影响力的“玄奘之路”的英雄主角玄奘大师那样，沙克尔顿也有自己的“十里回头路”。他在日记和后来的回忆录中大量披露了自己在那段时间的恐惧和担忧。

“（4 月 11 日）这一天，让人觉得已经时日不多了。我以前从未这么强烈地感觉到那种属于领导者的焦虑。”沙克尔顿在回忆录《南方》中写道。就在两天前，1916 年 4 月 9 日，坚忍号的队员们栖身一年多的海冰破碎了，他们扔掉一切可以扔掉的东西，划着 3 艘救生艇，冲向茫茫冰海，向着传说中的“象岛”挣扎前进。其间遇到了令人窒息的暴风雪，甚至被一群杀人鲸包围，它们发出的声音和气息“让人的血都凝固了”。数百个小时的挣扎和无眠，让队员们几近疯狂。4 月 13 日，沙克尔顿告诉队员们第二天就要到达陆地，导航专家沃斯利船长回答说“这是不可能的”，沙克尔顿第一次喝斥了他。沙克尔顿知道，此时此刻，信心就是唯一的希望，但是没有人知道，沙克尔顿的内心，其实也几近崩溃。

“（5 月 8 日）多可惜，我们用小船进行了一次了不起的航行，可是不会有人知道这一切了。”这时他正驾驶着用救生艇改造的简易小舢板，从象岛奔赴 1 400 公里之外的南乔治亚岛求援。5 月 8 日他们遇到了遮天蔽日的飓风，整整两天，他们始终徘徊在死神的门槛上。

还有多处细节，让我们看到这样一个伟大领导者焦虑的内心。但是为什么在绝境之中，沙克尔顿依然能有如此强悍的领导力？我经常会提到以下这个细节：

1916 年 4 月 24 日，沙克尔顿带领 5 名队员驾驶着“凯尔德号”救生艇离开象岛到 1 400 公里外的南乔治亚岛寻求救援。出发前摄影师赫利拍了一张著名的照片：队员们的背影，站在孤独的岛上，向着逐渐远去的小船挥手。因为前景是队员的背影，远景是小船，初看起来似乎是救援的那一刻拍摄的，队员们正在向希望挥手，但事实上，这是一次谁都不知道结果的诀别。沙克尔顿回忆录中描述了这个令人心碎的场面：“留下的队员站在海滩上，组成可怜的一个小队，他们背后是岛上可怕的高山，脚下是奔腾的大海，但是他们向我们挥手，发自内心地欢呼。他们心中存有希望，他们相信我们会带回他们需要的帮助。”

秘诀在这里：“他们心中存有希望，他们相信我们会带回他们需要的帮助。”在沙克尔顿看来，作为领导者，他存在的意义就是让队员们永远充满希望，这已经成为他的信仰。在这个命题之下，他自己的任何恐惧和焦虑都是第二位的，都可以被自己的信仰深深地隐藏在内心。

当然并不仅仅如此，如同珀金斯在本书中所总结的10条，它们都是沙克尔顿能让团队充满希望的无数个闪光点中的一部分。正是在深入了解沙克尔顿、玄奘这些“最伟大的领队”的过程中，我才深深地感悟到，在今天这样一个充满了不确定性的时代，领导者通过信念、信仰来“领导自我”并进而“领导团队”的能力，才是真正重要的领导力，我们把它命名为“元领导力”。

这期间我在极之美赴南、北极的破冰船上、在元领导力中心的课堂上，不知道讲了多少次沙克尔顿。我每次都会提到他从未显露的绝望和悲伤，也都会提到他的信念甚至信仰，因为越是深入贴近沙克尔顿，你越会觉得，这个温暖有力的生命，似乎就在你的身边。

第四次，2012年，第七届玄奘之路商学院戈壁挑战赛，我们正式推出了一个以沙克尔顿命名的奖项“沙克尔顿奖”，在奖杯的底座上，刻着这样的说明：

“沙克尔顿爵士（Sir Ernest Shackleton，1874—1922），杰出的极地探险家，被称为‘最伟大的领队’。他不仅创造了南极探险史上的辉煌业绩，更是以‘不抛弃、不放弃’、在任何情况下都把团队生命放在第一位的人本主义探险精神蜚声探险界和企业界。百年后的今天，他的队员们的后代，依然会去南极朝拜他的墓地，称呼他‘The Boss’。他始终坚守他们家族的格言：‘坚毅必胜！’（By endurance we conquer）”

很快，这个奖项就成为商学院戈壁挑战赛中各院校最珍视的奖项，沙克尔顿已经成为团队信念的标志。

第五次，则是一次快乐的“老友重逢”。2014年12月2日，我刚从南极归来，去电影院看正在热映的《星际穿越》。突然，一个熟悉的名字出现在作为主角的飞船的尾部，“Endurance”，这不就是沙克尔顿的南极探险船号么？他用他们家族的格言“By endurance we conquer”来命名。在当天的微信朋友圈，我仿佛老友重逢一般发了一条信息：

“《星际穿越》的导演诺兰，一定是个南极探险迷。片中作为主角的飞船永恒号——英文名字Endurance，就是著名的南极探险家沙克尔顿被海冰挤碎的探险船的名字，我们翻译成‘坚忍号’——在沙克尔顿的南极探险中，无论是男主角，还是这艘船，承载的都是和片中同样的使命。而那个冰雪星球上的营地，活脱脱就是南极探险家斯科特的小木屋，它也是为科学而‘献身’的。片中的这两个细节，让刚从南极回来的我兴奋不已。刚在南极船上还讲过，我们收获的关于这个世界的知识越多，这些知识点就越会相互碰撞并产生裂变，给我们带来更多的发现，这是个很快乐的事情。幸福的行知探索之旅！”

一说起沙克尔顿，就会有说不完的话。从一段令人难以置信的旅行，到一个能令你想起来就会微笑的老友，这其中充满了人性的温暖和魅力。本书是最早介绍沙克尔顿和他的领导力的译著，诚挚向您推荐。

让我们记住沙克尔顿的座右铭：“By endurance we conquer.”我们用坚忍征服一切！

2016年4月28日

于敦煌 中国经营者戈壁远征点将台现场

推荐序二

创业者的榜样：沙克尔顿的逆境领导力

学堂在线“中国创业学院”频道负责人　徐中博士

沙克尔顿绝境重生的领导力故事是人类历史上最传奇、最感动人心、最值得研究和学习的经典案例之一，在创业领导力课堂上对此案例的深入讨论常常成为理解领导力的高峰体验，激活创业者的“小宇宙”！

鲁迅先生说：这世上本没有路，走的人多了，就变成了路。从某种意义上说，创业者就是第一个开路的人！**创业是从0到1的过程，是“想尽千方百计、吃尽千辛万苦、说尽千言万语、走遍千山万水”的探索过程，常常是无中生有、以小博大、屡败屡战、九死一生！创业者需要具备超乎常人的心理特质，特别是勇气和担当！**

过去十多年，王石、郁亮、黄怒波、张朝阳、史玉柱、王秋杨、王静、汪建等中国企业家纷纷挑战珠峰、北极和南极。大家禁不住要问：作为企业家的他们，为什么要用生命去挑战极限？他们从中收获了什么？ 这些收获对于他们做企业有什么启示？

万科董事长王石先生在《王石说：影响我人生的进与退》一书中坦诚两点感想：第一，我们七名队员，上去没上去的都有伤，只有我没有伤。原因在于，我跟中央电视台的人讲："不允许你们拍我，因为我知道我有虚荣心，你们一拍我，我就要撑起来，这样会把自己撑垮的。"这就是关键时刻的理性与自我控制能力。第二，人要知道自己的目标是什么。王石先生如是说："大家都知道我是喜欢照相的，还专门出了一本登山的影集。可是在登山途中，我专门躺在帐篷里休息，队员都纳闷为什么老王不出来拍照。为什么？要保持自己的体力。我最大的目标是登顶，其他多余动作都不做。所以我保存了大量的体力。下来之后第二天，我就跟总指挥请假，说我要去飞滑翔伞。我不是显摆自己，而是想说明我懂得'储备'。"

2013 年 5 月 17 日，《中国企业家》杂志网站上发表一篇文章《盘点成功登顶珠峰的企业家们》，其中一个观点是：**登山让人有一种征服的欲望，一种向上的动力，一种克服困难的勇气**。这些，都是中国的企业家在冒险挑战自己的发展极限，在孤独与无助的时刻，急切需要增强的心灵力量，急切需要提升的精神境界，是未来 30 年企业家们持续拼搏、全球拓展的一个动力来源。

沙克尔顿跨越南极的探险故事是 100 多年前人类发起对北极和南极的全面探险故事中最传奇的一个。2011 年，管理大师吉姆·柯林斯在他的新著《选择卓越》当中，就以 1911 年阿蒙森和斯科特两位伟大的探险家竞争谁能率先到达南极点的故事为例，探讨他们在同样的极端环境中，为什么阿蒙森团队取得了非凡成功，而斯科特团队却连性命也没有保住。由此引发对于卓越企业是如何通过有效选择获得成功的研究。

沙克尔顿的逆境领导力故事内容、经历与经验不同于阿蒙森与斯科特，沙克尔顿的绝境重生历时两年，历经外部自然绝境与内部冲突危机的重重考验，可谓“九死一生”，最终奇迹生还，他在绝境条件下展现出的极限领导力对于今天的创业者和领导者具有重要的启示。

沙克尔顿探险目标是：首次完成横跨南极大陆的壮举。在出发之前通过对时间和距离进行测算，他认为，尽管南极的最低温度达到摄氏零下53度，但他们可以在120天横跨南极大陆。

1914年9月5日，沙克尔顿率领的英国皇家南极探险队的27名成员乘坐“坚韧号”从南大洋的南乔治亚岛起航。1915年1月19日，也就是探险队离开南乔治亚岛45天后，灾难降临，威德尔海海域的浮冰像钳子一样紧紧地夹住了“坚韧号”，探险旅行受阻，此时距南极大陆60英里。第327天，“坚韧号”桅杆倒塌，沉入海底。此后，他们一直在冰上的帐篷里。1916年4月9日（探险第491天），浮冰终于化开，救生船启程了。第497天，他们第一次踏上稳固的地面，在一座海滩只有100英尺宽，50英尺深的大象岛喘息。第506天，沙克尔顿做出艰难决定，选了5名队员跟他一起乘坐“詹姆斯·凯尔德号”，穿越被称为“好望角碾压机”的地球上最为凶险的800英里水域，做最后一搏。16天之后，筋疲力尽的水手们看到了南乔治亚岛，然后，他们克服难以想象的艰难，用了3天3夜翻越冰川，达到位于此岛斯特罗姆内斯海湾的古利德维肯捕鲸站。1916年8月30日，也就是“詹姆斯·凯尔德号”出发后的第128天，沙克尔顿成功救出全体27名队员，完成了人类历史上一个绝境重生的伟大壮举，此时，距他们离开南乔治亚岛已有634天。

与此形成鲜明对比的是，1913年8月3日，一支由加拿大探险家菲尔加摩尔·史蒂芬逊率领的探险队起航，向位于加拿大最北部海岸和北极之间的冰天雪地的北极地带进发。两艘探险船，北极的“卡勒克号”和南极的“坚韧号”，都被困于坚固的浮冰中。冰中被困，两支探险队的成员为了生存都进行了不懈的努力。但两支探险队的结局，以及两位探险领导者面对困境的方式，却大相径庭。在北极，探险开始后短短数月，“卡勒克号”的探险队员就变成一群自私、散漫的乌合之众，撒谎、欺骗和偷窃成为家常便饭。探险队伍的四分五裂使探险行动以悲剧收场：11 名探险队员殒命于荒芜的北极地带。

沙克尔顿绝境重生的探险故事引起了本书作者珀金斯博士的强烈共鸣，珀金斯博士早年在美国海军学院毕业后从军担任海军陆战队少尉，参加过越南战争，在哈佛商学院获得 MBA，在密西根大学获得心理学博士，后来担任耶鲁大学商学院领导力教授，长期从事领导力教学和咨询，是一位资深的领导力专家。在咨询中，他发现，**组织领导者常常陷入困境，被迫在短期内完成不可能完成的任务**，同时，今天的组织面临各种挑战，如竞争、经济动荡、不断的创新需求、持续成长和变化。作为教授，他希望解决两个核心问题：**一是向学生说明，哪些品质和行为使卓越领导者和团队脱颖而出；二是如何帮助学生在离开课堂，走向领导职位时展示并实践这些领导品质和行为。**

珀金斯博士想到了在越南战场所获得的强有力的启示，于是决定另辟蹊径，从那些经历了人类忍受力极限的群体的故事中寻找领导力启示。通过长期和大量的深入研究，珀金斯博士认为，沙克尔顿的探险队能安全返回，不是运气使然，使沙克尔顿的探险队获得出乎意料的成功的领导策略可以归结为一些原则，一些其他许多绝境生还的故事中共有的原则。这些重要的成功要素可以总结为十大策略：

一、牢记最终目标，集中精力实现短期目标。

二、树立可见的、易记的、象征性的和行为导向的个人榜样。

三、向他人传递乐观和自信，同时面对现实、实事求是。

四、保重自己——保持精力，不要自责。

五、不断强化团队观念：“我们是命运共同体，我们生死与共。”

六、消除地位差距，坚持礼貌待人，彼此互相尊重。

七、控制冲突——将愤怒化整为零，包容异己，避免无谓的权力争斗。

八、找到开心事情来庆祝，找到有趣的事情来逗乐。

九、临危不惧，勇于冒风险。

十、永不放弃，天无绝人之路。

这十项领导力策略是一个完整的系统，第一项是愿景与理念，第二、三、四项是领导者的自我觉察与自我管理，第五、六、七、八项是领导团队的关键理念与方法，第九、十项是工作中的创新与坚韧。

在课堂讨论中，创业者对沙克尔顿领导艺术最关心的话题有：他有哪些关键的领导者品质？他成功的关键要素是什么？他在关键时刻是如何决策的？他是如何挑选团队成员的？他是如何打造核心团队的？他是如何在绝境条件下营造一个充满乐观与希望的团队氛围的？他是如何成功处理冲突与危机的？

这些问题，都可以在本书中找到答案。

我以为，沙克尔顿领导探险团队绝境重生的关键有两点：**一个关键是作为精神领袖的他具有极其强大的精神力量——家族座右铭“坚毅必胜”**，这个力量使得他的以身作则、坚韧乐观、同甘共苦、包容平等、勇于挑战、乐于奉献等品质与才能在关键时刻威力倍增，战胜了一个个看似不可能的危机。**另一个关键是沙克尔顿的老伙伴副船长弗兰克·瓦尔德**，瓦尔德低调的风格中和了沙克尔顿雷厉风行的性情，在很多关键时刻弥补了沙克尔顿的盲区与弱项，他们俩形成了团队的坚强核心。

本书中，“边缘”（Edge）一词有两层意思。第一是指生死边缘，即人类忍受力的极限；第二层意思是绩效边缘，即个人和组织的最大极限潜力。每个企业家和企业的持续创新与发展，在某种意义上，就是挑战自己的极限，就是前进在自己的思想与能力的极限边缘。

经济学家一致认为，中国经济总量在不久的将来将会超越美国，在很多方面，我们将从追随到领导，同时，中国企业也必须从市场驱动发展迈向创新驱动发展，未来之路充满未知、变化、风险、模糊、不确定与复杂性。领导者的高瞻远瞩、以身作则、共启愿景、挑战现状、使众人行和激励人心将是一个组织不断突破自我、从优秀到卓越的关键。

2012 年 5 月，在波士顿机场书店，我看到本书，立刻被其权威性和十项绝境领导力策略打动，回国后即向出版社推荐本书，希望沙克尔顿的逆境领导力给处于挑战情境的创业者带来新的启发。

前　言

1913年8月3日，一支由加拿大探险家菲尔加摩尔·史蒂芬逊率领的探险队起航，向位于加拿大最北部海岸和北极之间的冰天雪地的北极地带进发。1914年9月5日，另一支由欧内斯特·沙克尔顿率领的英国皇家横跨南极洲的探险队从南大洋的南乔治亚岛起航，此次探险目标是：首次完成徒步横跨南极大陆的壮举。

两艘探险船，北级的“卡勒克号”和南级的“坚韧号”（Endurance），都被困于坚固的浮冰中。冰中被困，两支探险队的成员为了生存都进行了不懈的努力。但两支探险队的结局，以及两位探险领导者面对困境的方式，却大相径庭，有如南北极一样相去甚远。

在北极，探险开始后短短数月，“卡勒克号”的探险队员就变成一群自私、散漫的乌合之众，撒谎、欺骗和偷窃成为家常便饭。探险队伍的四分五裂使探险行动以悲剧收场：11名探险队员殒命于荒芜的北极地带。

在冰冷的南极，“坚韧号”探险队遭遇的问题同出一辙。沙克尔顿的探险队同样面临冰雪、寒冷，以及食品和供给短缺问题。然而，他的手下对这些危情的反应与“卡勒克号”探险队员的反应却完全不同。团队协作、自我牺牲，以及出人意料的愉快气氛代替了撒谎、欺骗、贪婪和自私。就好像“坚韧号”不仅航行于地球的另一极，而且航行于截然不同的另一世界中。

当今领导者从极地探险家身上能学到什么

在“坚韧号”和“卡勒克号”探险之旅中，有许多可变因素在起作用。然而，我相信这两个案例反映的远非是简单的命运的捉弄。在对多起团队濒临生死边缘（人类生理的忍耐极限）的情况进行研究后，我发现，在成功和失败之间存在着一些规律性差别。

构思本书时，我研究了多起群体处于生死边缘的情况，包括海难、飞机失事、登山探险，以及极地探险。研究成果是：十项领导力原则是成功团队有别于失败团队的关键因素。这些核心领导力策略构成本书的精髓。

2000 年本书第 1 版出版了，我想以此表明，这十项领导力策略，即沙克尔顿和那些克服极度艰难困苦而获成功的人所运用的策略，如何能帮助领导者达到个人和组织绩效的巅峰。此时有人质疑，从如此非常境遇中得到的启示是否适用于日常工作问题。不可否认，典型的高管人员不会有饥饿冰冻之忧。但是，和一些领导者共事的经历使我确信，许多组织挑战与我研究的生死绝境的故事之间具有某些共同特点。

本书第 1 版出版后，我们经历了 21 世纪头 10 年的危情：先是“9·11”恐怖袭击事件，后是经济低迷。如今，领导者比以往任何时候都更需要了解在当今动荡不定的商业环境中如何引领组织。

当今组织面临各种挑战，如竞争、经济动荡、不断的创新需求、持续成长和变化。本书探讨如何将从生死绝境中所获得的启示运用于挑战无时不在的组织中。

本书第 1 篇各章分别阐述应对绝境的 10 条领导力策略，各章还包括实施这些策略的具体方法。引用了一些简明的案例，以说明如何运用这些策略和方法来应对组织挑战。最后，每章以个人探险日志的方式提出一些问题供思考。

在第 2 篇，我会介绍自己对于学习绝境领导力的看法。我将沙克尔顿的领导力与其他知名极地探险家的领导力进行比较。

最后，第 3 篇提供最新的探索工具箱。其中包括个人评估工具、发现和解决冲突的创造性框架结构，以及延伸阅读的一些建议。

本书的起源

我一生大部分时间都在努力探索一个问题——领导他人，特别是在逆境、局势动荡及变革的情境下领导他人，这真正意味着什么？还在美国海军学院时，我就开始热衷于了解领导艺术。作为安纳波利斯的军校生，我将纪律约束看成军人职业的基石。

从军校毕业后，我被分派到海军陆战队任少尉，更加执着于领导力的探索。在北卡罗来纳州的勒琼军营中我担任排长，在军营的沙丘中，我面临着领导 35 名年轻海军陆战队士兵的挑战。

作为排长，我尽量运用在安纳波利斯军校学到的知识进行领导，并且观察其他领导者，看哪些领导方法有效，哪些方法无效。我惊讶地（表明我很幼稚）发现：虽然我们接受同样的训练，领导方法却各不相同。多数时候，我看见了好的领导；偶尔，我会看见卓越的领导者。

好的领导和卓越的领导之间的差异对于士兵的态度和行为有影响，但是在和平时期，这两种领导力的效果却无关紧要。失误仅仅是失误，没有人会因此丧命。手下士兵可能会满腹牢骚，但这是海军陆战队，人人都遵从命令听指挥。

我在海军陆战队第五兵团三营服役时，是在越南，于是我的领导力“研究生教育”在海上开始了。作为特殊登陆部队，我们沿海岸巡航，有时会进行水路两栖作战，以营救靠近非军事区域的陷入麻烦的单位。后来，我成为越战老兵，以多种角色经历了越战。作为民政事务官，我从越南人的角度看待这次战争。我帮助打井、分发食物、供给包裹，并给当地村民带来医疗和牙医服务。后来，作为步枪连的一名指挥官，我从另一个不同角度看待越战。

在越南，部队面临更大危险，人们不能盲从。受到诟病的越战充满矛盾，荒唐、压抑，如同噩梦一般。在战斗中，命令一群士兵冲向危险地带，这要求长官不仅只会发号施令。正是在这种情况下，我才真正了解卓越领导力的本质。

我看到，在最令人无法忍受的情境下，有些领导者能激发那些筋疲力尽、浑身湿透，且沮丧之极的海军陆战队士兵的斗志。他们的领导方式能发掘队员坚忍不拔和团结一心的潜力；他们能动员胆战心惊的部队做好准备，向黑暗进发，从相对安全的铁丝网一边冲向危险死亡地带。这样的士气不仅仅只是海军陆战队的纪律在起作用，还有别的东西。

越战后，我到大学的研究生院继续执着地探索领导力问题。先是在哈佛商学院，后来是在密歇根大学。我在密歇根大学攻读心理学博士学位，在学习中我发现，我在越南的经历可以叫做“体验式学习”。然而，关于领导力的一些想法真正开始成型，却是在我成为耶鲁大学商学院的教师后，作为教授，我要解决两个核心问题：

- 向学生说明，哪些品质和行为使卓越领导者和团队脱颖而出。
- 如何帮助学生在离开课堂，走向领导职位时展示并实践这些领导品质和行为。

当开始反思自己进行的学术研究，平时我们亲切地称之为“文献研究”，我仍然发现少了什么。并非是学术理论存在问题，只是关于领导力的学术理论似乎与我作为领导者的实践，特别是与我在越南体验到的一些挑战相去甚远。而且我发现，很难让学生在毕业后还能记住这些领导力思想。

在教学及校外的咨询工作中，我面临更为困难的挑战。与许多组织打交道时，我发现，组织领导者常常陷入困境，被迫在短期内完成不可能完成的任务。他们毫不在乎在管理理论的测试中能否及格；他们寻求解决问题的办法；他们需要帮助，以弄清楚可以采取哪些关键步骤来领导组织；他们需要一些简明易记的东西。

因此，一些生活经历，加上在领导力教学和咨询中遇到的挑战，使我找到了新方向。我想到了在越南战场所获得的强有力的启示，于是我决定另辟蹊径：从那些经历了人类忍受力极限的群体的故事中寻找领导力启示。

此路径使我相信，领导力可以在人类忍耐力达到极限的关键时刻体现出来。我相信，如果了解生死攸关时刻（此时金钱激励或职务晋升都失效了，而恐惧和自保却占据上风）是什么在起决定作用，那么我们就可以了解在其他情境下如何领导他人。对绝境生存的故事进行研究，我们就可以学到如何领导组织实现最大潜能的必要知识，而且当自己压力重重、挑战不断时，我们就可以想起这些领导力原则。

本书中，“边缘”（Edge）一词具有两层意思。第一层意思是指生死边缘，即人类忍受力的极限；第二层意思是绩效边缘，即个人和组织的极限潜力。贯穿本书，我从人类面临生死边缘的故事中获得启示，并将这些启示运用到实现个人和组织最大绩效中去。

当然，当今组织遇到的挑战与我体验及研究的生死绝境不尽相同。然而，我经常看到人们对待日常事务的方式就好似他们遇到了生死攸关的事情。我发现，与面临自动武器和炮火袭击的海军陆战队士兵相比，那些任务期限快到或要进行公开演讲的人们更显得忧心忡忡。有一次，我看到一位经理，手拎公文包，心烦意乱地沿着道路冲过来，试图赶上快起飞的航班。显然，他已打定主意，哪怕冒生命危险，也不想耽误重要会议。

作为领导者，你面临的也许并非生死攸关的挑战，但你需要应对在任何压力情形下人们常见的反应。在一些极端情形下，正常的甚至好于正常的表现，都可能意味着失败甚至死亡。如果能了解这些极端情形中哪些领导方法有效，就能提高逆境中的领导能力，做到卓越领导。

十大策略概要

在寻找一些引人注目的、众志成城、克服艰难困苦有所成就的例子时，沙克尔顿横跨南极的探险故事映入我眼帘。虽然有诸多绝境生还的故事，但“坚韧号”探险故事独一无二。与其他故事相比，沙克尔顿的探险故事更好地包含了那些我发现对于成功必不可少的战略。因此，我将沙克尔顿的探险故事作为主要线索，以探索绝境下的领导力，并阐明卓越领导力和团队协作的关键思想。

哪些要素会使人们在绝境下获得生存？是什么核心要素使“坚韧号”的探险结果与“卡勒克号”大相径庭？当然，许多因素影响这两次探险的结局——天气、冰况、运气。然而，沙克尔顿的运气不仅仅只是好，他也碰到了许多坏运，而且在探险历程一开始，坏运就如影随形。

我想，沙克尔顿的探险队能安全返回，不仅仅是运气使然。我相信，使沙克尔顿的探险队获得出乎意料成功的领导战略可以归结为一些原则，一些其他许多绝境生还的故事中共有的原则。这些重要的成功要素可以总结为十大策略：

1. 牢记最终目标，集中精力实现短期目标。
2. 树立可见的、易记的、象征性的和行为导向的个人榜样。
3. 向他人传递乐观和自信，同时面对现实、实事求是。
4. 保重自己——保持精力，不要自责。
5. 不断强化团队观念：“我们是命运共同体，我们生死与共。”
6. 消除地位差距，坚持礼貌待人，彼此互相尊重。
7. 控制冲突——将愤怒化整为零，包容异己，避免无谓的权力争斗。
8. 找到开心事情来庆祝，找到有趣的事情来逗乐。
9. 临危不惧，勇于冒风险。
10. 永不放弃，天无绝人之路。

十大策略互相交织，密不可分。一次领导行为可能涉及几项领导策略，这和运动员的情况非常类似。要击球或射门，运动员可能要运用诸如平衡、聚焦和动态放松等数项技巧。本书每章专门探讨十大策略中的一个，但要记住，所有这些策略互相关联。

接下来的章节阐明每种领导策略对危情中的群体和组织的重要性。最重要的是，这些章节简要说明了对领导者而言比较奏效的领导方法。在此之前，还是先了解一下沙克尔顿非凡的探险故事吧。

探险日志

1. 开始探讨“绝境”之前，你也许想回忆起自己的绩效或忍受力濒临极限的情形，这些情况也许涉及领导他人的情境，也许与你自己的个人困境或目标有关。

- 哪些品质使你取得成功或做到坚持不懈——你的行为、价值观或个人特质?
- 如果情境涉及他人，那么你能激发出他人怎样的团队协作或支持? 你是如何与他人齐心协力实现目标的?

2. 如果自己没有合适的个人经历，也许可以回忆一下某个引领团队或组织走向卓越的领导者，是他领导团队或组织实现了可能达到的最高绩效。

- 哪些品质使这位领导者如此卓越出色——他的行为、价值观或个人特质?
- 这位领导者能激发出他人怎样的团队协作精神? 团队是如何齐心协力实现目标的?

目　　录

沙克尔顿的传奇探险故事 ······ 1

第 1 篇　绝境领导力的十大策略

第 1 章　澄清愿景和目标 ······ 16

第 2 章　树立榜样 ······ 32

第 3 章　乐观和自信 ······ 47

第 4 章　保重自己 ······ 64

第 5 章　强化团队观念 ······ 79

第 6 章　遵守团队核心价值观 ······ 97

第 7 章　控制冲突 ······ 112

第 8 章　学会放松 ······ 129

第 9 章　勇冒风险 ······ 143

第 10 章　不断创新 ······ 158

第 2 篇　继续探险之旅

第 11 章　学会在绝境中领导……180

第 12 章　后记：成就非凡领导者之道……194

第 3 篇　绝境领导力工具

探索工具……206

关键领导技能调查……207

领导力探索：个人提升计划……213

领导力探险路线图……217

找到隐性冲突：麋鹿显现……218

解决冲突：武术的启示……222

沙克尔顿的传奇探险故事

沙克尔顿横跨南极大陆的传奇探险故事人们耳熟能详。我第一次听说这个故事大概是在 15 年前。当时，一个朋友知道我对劫后余生之类的故事感兴趣，就给了我一本阿尔弗雷德・兰辛的《坚韧号》（*Endurance*）一书。书中故事强烈地吸引了我，我爱不释手。它是非常强有力的示范，我可以利用它来帮助那些正带领组织走向卓越的领导者。

还有其他一些有关沙克尔顿的书籍。其中包括卡洛琳・亚历山大的配以精美图片的著作。撰写本书，我并非要重述此故事，而是要从领导力和团队协作两个不同视角来审视此故事。

后面的章节会重点说明此探险故事中的一些重要方面。每章都将阐明沙克尔顿和其他人是如何利用本书的十项领导力策略的。然而，如果结合整个探险故事来理解，这些阐述会更具影响力。因此，这部分将按照时间顺序讲述探险过程中发生的一些重要事件。后面的章节将会更详细地叙述其中一些情况。

准备就绪

沙克尔顿非凡的探险故事是所有极地探险故事中最激动人心的故事之一。它是关于一位领导者和一群探险家忍受极端艰苦和挫折的故事。他们经历的艰难困苦甚至比我们所能想象的还要艰难。

要对故事形成大概印象,先考虑一下这个问题:你曾受过寒挨过冻吗?我是指经历过极寒天气吗?试着回忆自己一生中经受的最寒冷、最痛苦的时刻。也许是一次野外露营,你被大雨所困,不得不在湿漉漉的睡袋中过夜。也许是某次汽车电瓶没电了,你在等待拖车来为你解困。

现在,停留在这种感受中,并想象有人对你说:“在接下来的 634 天里你要一直这样生活。你与世隔绝,而家人全然不知你是死是活。你会挨饿,几乎濒临死亡。”

如果脑海中呈现出极寒和孤寂的情景,那么你就可以想象欧内斯特·沙克尔顿和横跨南极探险队员所面临的境况了。

此次探险始于伦敦报纸上的一则有些令人生疑的广告:

> 诚聘男性船员参与危险旅程。报酬低,天气寒冷,数月不见天日,危险不断,不确定能否安全返回。如若成功,则将获得荣誉和赞誉。

究竟谁会自告奋勇加入危险之旅?读到此处,有人可能觉得这好似自己的工作情况,而自己已经干上了。令人吃惊的是,数以千计的勇士前来应聘，每个人都想要加入沙克尔顿的探险之旅。

可是，他们到底图什么？沙克尔顿的探险宗旨是成为第一批徒步横跨南极洲的人。他愿景清晰，而且制定了详细的实施计划。沙克尔顿计划从伦敦出发，前往布宜诺斯艾利斯，然后前往南乔治亚岛。从南乔治亚岛，探险队进入威德尔海，穿越南极大陆，然后到达地球另一边，那儿会有一条船迎接他们。在对时间和距离进行计算之后，沙克尔顿相信，完成横跨南极大陆的旅程需要120天。要了解他所旅行的距离，一种方法是，想象一下徒步从爱达荷州到得克萨斯州的距离，只是沙克尔顿要横跨的地带的地理状况与之有天壤之别。

斯蒂芬·派恩所著《冰》（*The Ice*）一书中的一段话对南极地形进行了很好的描述：

> 冰构成南极大陆的地球物理和地理概况……巨大的冰块、冰岩及冰结构层层叠叠，均由水晶般的冰构成。这些靠近地表的冰一起构成了整个南极大陆。冰山类：平顶冰山、冰河冰山、冰岛、冰山碎片、小冰山、碎冰、白冰、蓝冰、绿冰、脏冰；海上浮冰类：积冰、大浮冰、冰皮、冰丘；岸冰类：周冰、冰川冰舌、山麓冰坡；山冰类：流动冰、山谷冰川、冰斗冰川；底冰类：冰楔、冰脉、永久冻土；极地高原冰类：冰席、冰帽、冰屋；大气冰类：冰粒、冰晶、冰尘、铅笔冰、盘冰、子弹冰。

此描述清楚表明：南极大陆表面除了冰，别无他物。大陆边缘地带是冰架，有些地方的冰架会达10层楼高。一旦过了冰架，还有其他诸多困难。一些冰丘形如锯齿，犹如许多小山。冰块之间的裂缝可以将雪橇上的探险队整个吞噬。另外，还有极地气候。地球上的最低温度就是在南极测得：

华氏零下 128.6 度。

领导者和船员

横跨南极大陆是一大壮举。谁会进行尝试呢？欧内斯特·沙克尔顿认为自己是最佳人选。

作为探险家，沙克尔顿于 1909 年就扬名不列颠。当时，他航行到距南极仅 97 海里的地方，后因体力衰竭和食品短缺，他被迫返航。那次探险中，他展现出了一种特有的品质，将最后一块饼干递给了同行者弗兰克·瓦尔德。

1911 年，挪威探险家罗尔德·阿蒙森到达南极。1912 年年初，罗伯特·斯科特也以令人遗憾的结局完成此举。然而，到 1914 年为止还无人徒步横穿南极大陆，这仍然是未被突破的探险前沿。沙克尔顿渴望挑战，这是能考验他能力的一个领域。

有关沙克尔顿的情况著述颇多，但我相信，他性格的精华部分可以从其家族价值观中得到体现。沙克尔顿家族的拉丁语座右铭是 Fortitudine Vincimus（意为“坚毅必胜”），这是他的战斗口号。南极探险是对此座右铭的考验。

因为沙克尔顿是此次南极探险的领导者，而且他个性刚强，所以人们都聚焦于他。然而，正如任何复杂冒险一样，其中许多人都发挥了领导作用。事实上，本书主题之一，是阐述从多方面发挥领导力的重要性。

探险队领导力的重要来源之一是沙克尔顿的老伙伴弗兰克·瓦尔德。瓦尔德低调的风格中和了沙克尔顿雷厉风行的性情。他们亲密默契，以至于一方话没说完，另一方都可以接着把它说完。这种伙伴关系源于相互之间深深的尊重和共同领导。当他们被推到绝望边缘时，这种关系确保了他们探险行动的完整。

瓦尔德和沙克尔顿另外挑选了25人参与此次探险。探险人员构成复杂多样，他们的性情和个性迥异，专业背景也各不相同，包括医疗、航海、木匠及摄影专业。队员在社会阶层和年龄层次上也呈多样化，既有教授，也有渔民，年龄最大的是木匠麦克尼什，他当时57岁。

探险队正式成员27人，但后来变为28人，多出的一人是偷渡者布莱克伯罗。当沙克尔顿发现船上有一偷渡者时勃然大怒，他训斥说："如果我们食品吃完，落到要吃人的地步，你就是第一个要被吃掉的人。"虽然一开始际遇不佳，但最终他完全融入探险队，成为其中一员。

沙克尔顿还要准备的是：找到一条适合航海的、能将探险队带到南极的船只。他选择了一艘三桅船，并以自己家族的座右铭命名它为"坚韧号"。此船由挪威一家著名造船公司制造，既是蒸汽船也是帆船。

"坚韧号"特别为极地之旅而造。所用木料经过精心挑选，以便能抵抗冰块的撞击。然而，与现代破冰船不同，"坚韧号"并非专用于冰上航行，其船身设计为V字形。

启程

1914年8月底，在沙克尔顿留下来筹集资金时，"坚韧号"在弗兰克·沃斯利的指挥下出发了。沙克尔顿在布宜诺斯艾利斯与探险队会合，然后他们一同向古利德维肯进发。古利德维肯是位于崎岖的南乔治亚岛的捕鲸站（见图0-1中1号位置）。

在捕鲸站，沙克尔顿得到了令人不安的报告：与往常相比，在南极，冰的位置向北移了很多。得知这些警报，并了解到他们非常可能会在船上过冬，探险队于1914年12月5日出发了，他们带了更多的冬装，并做足了心理准备。

沙克尔顿描述了当时的情景：

> 当时船行得很平稳，但是与4个月前离开英国海岸时相比，它看上去已不再整洁，显得零乱。在古利德维肯，我们在船上加满了煤，额外的燃料存放在甲板上，这大大减慢了船行速度。我们在捕鲸站还为那些雪橇狗补给了一吨鲸肉。这些大块鲸肉挂在索具上，狗够不到但能看到。当“坚韧号”轰鸣摇摆时，这些狗虎视眈眈，期待肉掉下来美餐一顿。

随着浮冰越来越厚，航行也越来越艰难。当沃斯利满腔热情地驾着船穿行于浮冰上时，沙克尔顿却因为穿行缓慢而越来越担心。他们缓缓移动，穿行于“大自然的杰作、巨大的连续不断的七巧冰拼图中”。

被困冰中

1915年1月19日，也就是探险队离开南乔治亚岛45天后，灾难降临。威德尔海海域的浮冰像钳子一样紧紧地夹住了“坚韧号”。探险旅行受阻，此时距南极大陆60英里（见图0-1中2号位置）。

探险队试着用镐子、锯及其他手动工具破冰开路，试了两次。第一次他们升起所有船帆，开足全部马力，全速向前。船员忙活了几小时，可船纹丝不动。第二次，他们从早上8点干到半夜，船只前进了150码。可他们仍然无可救药地被困在那儿。“有弹性的”海冰使探险船无法开辟出一条航道，“坚韧号”被困。

到 2 月 24 日，探险队员不再等待海况转好，于是退到船上，准备过冬。他们搬到更为暖和的两层甲板之间的他们称之为“丽兹酒店”的储藏室。他们唯一的娱乐就是听一台手摇留声机，而且地质学家伦纳德·赫西会为大家弹奏班卓琴和自制提琴。随着时间的推移，“坚韧号”冰封雪盖。很难想象有什么情景比这更严寒、更阴郁的了。在这些极端情形中，探险队成员却比以往更紧密地团结在一起。

这一切是如何做到的？我认为答案是，沙克尔顿了解对探险队员进行动态管理的绝对重要性。从之前的一些探险故事中，他就了解了可能会出现的严重的情绪低落问题，他有意识地做出许多决策，以确保团队的凝聚力。最重要的是，当“坚韧号”被困冰中时，沙克尔顿一直让队员保持忙碌，直到 1915 年 7 月。这时，南极正值深冬，狂风使得冰压加大。探险船发生了侧倾，船上的抽水泵开始失效，水涌向船中，而且船尾向上翘起，达 20 英尺高。当冰无情地涌向船体时，“坚韧号”木质船身及探险队员的安全感同时开始崩溃。

“坚韧号”船长沃斯利这样回忆：

> 两块巨大的浮冰绵延数英里，它们紧紧挤压着探险船的两侧，而第三块浮冰则刺透船尾，将船舵扯掉，就好像舵是碎木片做的。当船柱被扯，船的部分龙骨受到冰的挤压往上翘时，探险船颤抖着、呻吟着。对我而言，这些声音如此富有人性，我真想与它一同呻吟，而且沙克尔顿也有同感。这些可怕声音使我觉得它在挣扎、喘息。我从未目睹过此情此景，我真诚希望以后永远都不会再有类似经历。

“坚韧号”沉入海里

1915 年 10 月 27 日，探险历程的第 327 天，“坚韧号”完蛋了。桅杆倒了，当碎冰片将坚固的木质船身挤裂挤坏时，两边船舷千疮百孔，弗兰克·瓦尔德对正“死去”的船做了最后的巡视。在前甲板，他发现两位探险队员由于为船抽水疲劳过度而在熟睡。他就对他们说：“孩子们，船要沉了。我想是时候下船了。”

假设你自己身处沙克尔顿的境地。你的船完蛋了，而且距离保利特岛（见图 0-1 中 3 号位置）上最近的补给站还有 346 英里。你有救生船和雪橇，但这些东西几乎重达上千磅。你该何去何从？

沙克尔顿提议徒步穿过数百英里的坚固浮冰块，前往开阔的水域。于是探险队员同心协力，开始拖拽雪橇上的救生船。这个活繁重累人，两天后他们只走了不足 2 英里。

冰上露营

意识到继续走下去徒劳无益，探险队员就找到一块直径达半英里多的一块大浮冰，立起帐篷露营，并有了主意。他们一致赞同逗留在浮冰上，直到浮冰的移动使他们更靠近保利特岛。从 1915 年 10 月 30 日直到当年的 12 月底，他们一直在海上的帐篷里。到这时为止，沙克尔顿领导有力，确保探险队一切正常。然而，此时距他们从南乔治亚岛出发已有一年多。队员们显然情绪低落，沙克尔顿知道必须有所作为来抵抗这种日益增长的徒劳感觉。到了探险历程的第 384 天，虽然他们离大海（见图 0-1 中 4 号位置）还有一段很长的距离，但他们再次尝试拖拽救生船横穿浮冰，向开阔的水域进发。

罢工事件

第二次拖拽雪橇行进的行动并不比第一次更成功，它为所谓的“一个人的暴乱”埋下了伏笔。木匠麦克尼什拒绝行进。他辩解说，合同上的条款明确说明，他应“在船上”提供服务，既然“坚韧号”已沉了，合同条款也就不再具有约束力，尽管合同中有一条特别条款，说他应“履行任何探险船上、救生船上、岸上的任何职责”，但麦克尼什坚持不让步。他拒绝听从命令向前行进。队员叫来了沙克尔顿，他化解了罢工事件，探险之旅得以继续向前。

再次冰上露营

探险队员仍然无法从浮冰上穿行，他们都筋疲力尽，非常沮丧，于是他们再次露营和等待。他们知道必须从浮冰上下来，可就是有种无法挣脱命运的感觉。探险队中的物理学家雷金纳德·詹姆斯这样比喻道：“一阵大风中，任何一个氧分子出现问题，它都同样会预示风可能在什么地方终结。”

探险队员继续不安地等待，希望浮冰能漂移到开阔的洋面。随着食品供应的减少，他们开始靠食用海豹肉、企鹅肉及他们的最爱——企鹅肝，来维持生命。等待期间，曾经出现几次让人兴奋的时刻，其中一次是前英国皇家海军陆战队员、探险队储藏室的负责人沃德-利斯和一只海豹之间的生死遭遇战。

到 4 月初，浮冰宽度从半英里缩小到 200 码。随着浮冰切切实实地在脚下裂开，探险队员想要乘救生船下水。但是，他们知道全面撤出浮冰可能意味着灾难：漂浮不定的冰块可能又会合拢，从而将救生船压碎，并让他们唯一的生存希望破灭。

逃离浮冰

4 月 9 日（探险第 491 天），浮冰终于化开，救生船启程了（见图 0-1 中 5 号位置）。探险队员跌跌爬爬地转移到 3 艘救生船上，将能用的所有船桨都关闭，用尽自身全部力气划向开阔海面。气温极低，当海浪击打到船上，海水即刻就冻在了划船手的衣服上。队员们竭尽全力地摆脱困境，但救生船里的水快速上涨，很快就到达脚踝，然后到膝盖。穿着皮靴的布莱克伯罗双脚很快就失去了知觉。

探险队员饱受痢疾困扰，瘦弱、憔悴不堪，他们极端渴望得到新鲜淡水。第一夜，他们在一大块平整的浮冰上露营，并入睡。那天深夜，“某种不可捉摸的不安感觉”驱使沙克尔顿走出自己的帐篷。他站在安静的营地，观察天上的星星和飘着的小雪。突然，他脚下的浮冰裂开了，黑暗中他能听到沉闷的喘息声。沙克尔顿赶忙跑到倒塌的帐篷，将它掀开，看见在下面寒冷的冰水里一名队员在睡袋中挣扎。而就在裂开的浮冰又撞到一起的千钧一发之际，他猛一发力，将该队员拽了上来。

因为风向和海流的变化，在五天半的行程中，探险队被迫 4 次改变航行方向。最终，他们在一座名叫大象岛的多石且荒芜的小岛上可以喘口气。小岛的海滩只有 100 英尺宽，50 英尺深，但这是 497 天以来探险队第一次踏上稳固的地面。

濒临崩溃又柳岸花明，探险队员兴高采烈，他们吃了 6 天以来的第一顿热餐。因为虚弱不堪，所以哪怕最基本的任务，大家干起来都很吃力。他们用救生船、船帆、衣物搭起了遮风避雨的驻地。很遗憾，他们的驻地搭在了混合了数百年的企鹅粪的雪地上。队员的体温和以鲸脂为燃料的炉子发出的热量溶化了企鹅粪，因此他们很快发现，自己身处的是一处含有黄企鹅粪的发出污浊味道的泥坑。是的，从某种角度讲他们现在安全了，但那又怎样？得到营救的机会仍然渺茫，又一选择逐步变得紧迫：是留在这等待救援，还是再次航行以求救？如果航行，该往哪个方向走？

斯科舍海

他们没有更好的选择，而且断粮的危险也沉重地压在沙克尔顿心头。他私下对沃斯利说："无论多危险我们都要乘救生船航行。我不会让队员坐以待毙。"

沙克尔顿决定，部分队员要乘救生船出发以请求救援。因为那里刮的是由西向东的七级大风，所以他选择航行 800 英里前往南乔治亚岛，其中他们要通过地球上最为凶险的水域，其风力会达到飓风的级别，而且伴有巨浪。

沙克尔顿挑中了最经得起航海的"詹姆斯·凯尔德号"救生船，并将它打造成能胜任这次航行的船只。虽然木匠麦克尼什偶尔会制造点麻烦，但他仍然是位很能干、有创造力的木匠。为了使救生船经得起危机之旅，他对甲板和船上装备做了精巧设计，在后来的旅行中起了非常关键的作用。沙克尔顿选了 5 名队员跟他一起行动。在探险历程的第 506 天，吃完了告别早餐后，所有的人手都出动，帮“詹姆斯·凯尔德号”下水（见图 0-1 中 6 号位置）。

与前往大象岛相比，接下来 16 天的航程更令人苦恼。救生船不断受到被称为“好望角碾压机”的巨浪的撞击。海水溅到甲板和船舷即刻就凝结成冰，每隔一段时间，都有人冒着生命危险将这些冰除掉。

1916 年 5 月 10 日，筋疲力尽的水手们看到了了南乔治亚岛。靠岸时，“詹姆斯·凯尔德号”的船舵掉了下来，但是到傍晚时分，沙克尔顿及其同伴已站在早在 522 天前出发的岛上（见图 0-1 中 7 号位置）。

翻越岛上冰川

安全抵达南乔治亚岛，这当然好，但坏消息是，他们到了错误的地点。此地到处是地图中未曾标明的危险冰川。沙克尔顿和另外两位最能干的队员便开始穿越冰川，前往位于此岛斯特罗姆内斯海湾的古利德维肯捕鲸站。此次翻越冰川他们用了 3 天 3 夜。其中每天都危情不断，每天都面临巨大的体力挑战。

获救

沙克尔顿竭尽全力为其他探险队员提供救援，他用 3 艘船进行了 3 次尝试。最终，8 月底，也就是“詹姆斯·凯尔德号”出发后的第 128 天，第四次尝试成功了。这个时机非常好：积冰化开的时间只有几小时，刚好让小船靠近大象岛海岸，完成营救。

沃斯利船长最后一天的探险日志这样写道：

> 获救了！1916 年 8 月 30 日
>
> 一切都好！终于！全速前进。
>
> 沃斯利

随着船长最后一段探险日志画上句号，沙克尔顿及其横跨南极大陆的探险之旅也就此结束。此时距他们离开南乔治亚岛已有 634 天。

每次重温这个故事，我都想对这些探险家报以掌声。我要鼓掌，并非仅仅由于他们平安地完成探险之旅，而是因为他们呈现出非凡的领导力和团队协作精神。他们不仅劫后余生，而且队员之间拥有一种特殊的关爱之心和同志情谊。

是什么造就了像沙克尔顿这样非凡的领导者？是什么使沙克尔顿及其探险团队能够克服似乎无法逾越的障碍？本书后面的内容会提供答案。

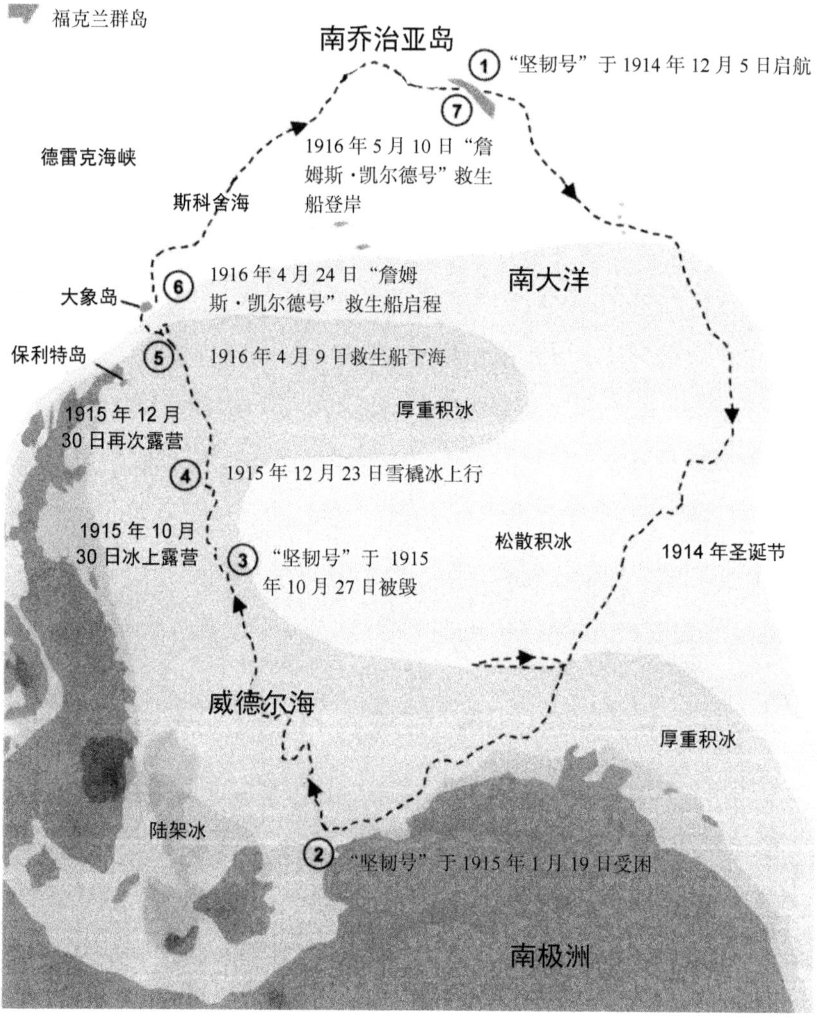

图0-1 “坚韧号”探险行程图

Leading at the Edge

第 1 篇　绝境领导力的十大策略

第 1 章

澄清愿景和目标

策略一：

牢记最终目标，集中精力实现短期目标。

……我觉得，努力前行是对的。与其让人们觉得，我们只是坐等浮冰向西北漂移，将我们带出茫茫冰原，倒不如让人们感到，虽然进展缓慢，但我们是在往南极大陆挺进。

——欧内斯特·沙克尔顿

面对困境时，引领组织的领导者必须全力以赴，去实现两项同等重要的目标。第一，他们必须一直牢记自己的终极目标，即长期性、战略性目标。

然而，终极目标也许比较遥远和不确定。因此，在追求长期目标的同时，领导者还必须将有限的组织资源聚焦于重要的短期目标，以便组织具有良好的发展势头，并确保组织的生存，这是第二种目标。沙克尔顿几乎神奇地展现了这两种必不可少却截然不同的领导技能。

乐意找到“新目标”

很难想象，有什么情景比“坚韧号”的终结更令人沮丧。当探险船慢慢地被数以百万吨的冰块无情挤压时，沙克尔顿和队员们痛苦不堪。连着几天，他们注视着探险船在死亡线上挣扎。当这个漂在浮冰上的移动之家分崩离析时，等在一旁的他们无能为力。

虽然浮冰、风及洋流变化不定，但船上的生活相对稳定、有规律可循。队员们可以吃到温暖的食物，身处熟悉的环境，他们感到安全舒适。但现在，被困冰雪之中，孤立无援，他们习以为常的世界已经彻底被颠覆了。

随着“坚韧号”的终结，沙克尔顿发现，自己徒步横跨南极大陆的梦想也随之破灭。他面临的不仅是失败。根据计划，人们预料他在 1916 年 2 月才会再次现身，他们现在获救的可能性几乎不存在。

然而，在面临个人挑战的痛苦时刻，沙克尔顿却能快速调整长远目标，从横跨南极大陆转向使每个探险队员安全生还。重新调整了努力方向后，他这样写道：“人必须向新目标努力，而让旧目标彻底消失。”因为没有获救希望，而且面对的是未知的生存希望渺茫的未来，于是他转向探险队员，简单地说：“现在我们要返回家了。”

面对如此巨大困境，沙克尔顿如何能做到临危不惧，坚忍不拔？他个人肯定有些疑虑，在日记中他写道：“我向上帝祈祷，祈求能成功地让全体队员都回到文明世界中。”就是因为非常清醒自己作为领导者的职责所在，他才放弃原先的计划，转移努力的重心，全力以赴实现新的使命。运用坚强的信念和意志力，他使其他人渐渐地对此深信不疑：他们会实现新的目标，安全返回，无人送命。

对领导者的启示

在努力探索未知事物时，人们必然会遇到无法预料的情况。要进行真正意义上有新意和有挑战的探险，必然要面对变化的环境因素和不断变化的机遇。这就意味着，作为领导者你要乐意去调整长期和短期目标，不紧抱旧东西不放。而且，你必须能全力投入到新目标当中，就如同你满怀激情为旧目标努力一样。

英特尔首席执行官安迪・格鲁夫做出转变公司发展方向的决策就是一个经典案例。英特尔公司以生产微处理器闻名，曾经是一家大型记忆芯片制造商。20 世纪 80 年代中期，日本芯片制造商将芯片价格降低 10%，将英特尔挤出了市场。日本人成功了，英特尔因此在一年内损失了 1.73 亿美元。

格鲁夫对各种选择进行了思考，决定引领英特尔走出记忆芯片的领域，决心致力于微处理器的制造。决策时，他向同事及前首席执行官戈登・摩尔抛出了一个问题：“如果我们被踢出公司，董事会推举一名新首席执行官领导公司，你认为这位新首席执行官会怎么办？”

摩尔告诉格鲁夫，新首席执行官会带领公司走出记忆芯片领域。格鲁夫决定，与其坐等接班人来进行变革，不如自己来干。于是，公司开始转型，各种资源被调动来开发英特尔微处理器，而这个领域当时比不上芯片领域。新的发展方向为英特尔未来的成功打下了基础。

英特尔继续自我调整，高瞻远瞩，以适应不断变化的市场需求。当预测到个人电脑销量会下降时，英特尔又大胆地转型，在有线调制解调器、无线芯片，以及安全软件诸方面获利。公司后来将资源转而投入到新产品系列的生产中：平板电脑和智能手机的英特尔芯片。每次的转型，英特尔都寻找新市场，并以沙克尔顿的方式勇往直前。

行动起来

“坚韧号”快要崩溃时，探险队员本来可能会忧心忡忡。而情况正相反，他们的精力却放到了别的地方，有了释放渠道。虽然他们的行动未产生积极效果，但沙克尔顿还是不遗余力地想方设法遏制住手下迅速蔓延的担忧情绪。沙克尔顿会寻找每个机会去做些具体的事，采取一些决定性行动。

一开始，他们尝试着将“坚韧号”上沉重的救生船在冰上拖行，但尝试完全失败了。他们的目标是前往保利特岛，希望到达那里的紧急食品储备站，沙克尔顿知道那是 12 年之前人们在那儿建立的。这次 312 英里的艰难行进是项巨大工程。按计划，他们以每天 5 英里的速度前进。因为要拖着雪橇和救生船沿着锯齿状冰面前进，所以这个速度是他们希望能达到的最快速度。对于此行是否会顺利实施，甚至沙克尔顿也曾对此表示担忧。救生船必不可少，因为他们的计划是到达开阔海面，然后再航行到安全地带。

尽管危险重重，沙克尔顿知道，有必要尝试一下。此项任务几乎无法完成，但此举转移了大家的注意力，使人们从刚刚遭受的挫折中走了出来，转而为清晰界定的新任务而忙碌。从终结的船上找出一些补给，并打点好雪橇之后，他们就开始前进。沙克尔顿和其他 3 名探险队员在前面艰难前行，以寻找一条可行的通道。

一系列冰脊挡住了去路。每次遇到冰脊，他们都要用铁铲或镐子将它除平。先遣人员被迫进行烦人的清理工作，以便开出一条平整的小道。其他人紧随其后，轮流拖拽雪橇。沿着冰上小道行进 3 小时后，探险队仅仅直线行走了 1 英里。

讽刺的是，第二天温度升高却使情况变得更糟。探险队员现在好像在雪泥中艰难地一步一步踯躅前行。他们大汗淋漓，不停咒骂，进展缓慢。一天下来，他们只向前推进了 1 英里。意识到不可能继续前进，沙克尔顿叫大家停止前进。

无疑，改变计划使大家大失所望。毕竟，本来是要前往开阔的洋面，并最终获救。沙克尔顿当机立断再次平抑了颇具破坏性的情绪，他让手下从“坚韧号”残骸中将剩余食品、衣物及其他物件取出，从而转移了探险队员的注意力。弗兰克·瓦尔德和其他 6 人回“坚韧号”找出齿轮装置，更重要的是，找出第三条救生船。这样，所有人都专注于搭建浮冰上的营地这项新任务。

“坚韧号”搁浅之后，沙克尔顿做的第一个决定可以说是一大错误。他们不可能走过那么长的距离到达保利特岛，宝贵的精力被浪费在无法实现的目标上。

从早先的 1907—1909 年的英国南极探险经历中，沙克尔顿发现保持队员的良好心理状态非常重要。当时，他们被困在麦克默多湾，沙克尔顿感到探险队员的沮丧和担忧情绪越来越厉害。为了缓解这种情绪，他提议爬埃里伯斯山。这次行动让大家吃了不少苦头，有人还生了病，都感到疲惫不堪，但成果不小——他们首次攀登上了南极的一座高峰。

和攀登埃里伯斯山一样，“雪橇之行”也达到了目的。探险队员不再纠结于探险的坏运气，他们转而投入到具体行动中。也许，最重要的是，此举促使探险队员为实现共同目标而一起努力。

对领导者的启示

绝境领导力意味着当努力失败时毫不气馁，不失时机地果断采取行动。单单行动起来就给人一种势头良好的感觉，诸多小的胜利会为最终的成功打下基础。

1982 年 9 月，泰诺的生产商强生公司的首席执行官詹姆斯·伯克面临艰难的抉择（现在已成了一种记忆），因为不知是谁在强力泰诺胶囊中加入氰化物，导致数人死亡。他的危机处理方式有力地说明了危机情况下当机立断的价值。当时他必须做出抉择，是坐等相关方就此全国性安全危机提供结论性证据，还是使公司承受召回所有胶囊的损失。

公众已将强生看做健康和安全的象征，现在人们感到十分震惊。此时公司会如何应对，这对恢复公众对销量第一的泰诺胶囊，以及公司其他系列产品的信任至关重要。

伯克和强生公司采取的对策现在被认为是危机管理的黄金标准。伯克和公司所采取的措施遵循了公司信条："首先对顾客负责。"伯克迅速成立策略团队来应对危机，悬赏 10 万美元缉拿投毒人，在整版报纸和电视上做广告，通知顾客用胶囊来换取片剂，设立免费热线回答相关问题，并设立一些公共项目以便将信息送达医生和其他重要相关人员。

公司重新设计了泰诺的包装，并从药店和家庭收回数以千万计的泰诺胶囊。危机发生 3 个月后，多亏公司的当机立断，泰诺片剂的销量恢复到危机前的 80%。泰诺胶囊最终被更可防止参杂异物的囊片代替。果断的行动保住了公司的市场份额，更重要的，挽救了公司的声誉。

大陆航空公司面临的不是人命关天的问题，但公司及其领导者却面临令人气馁的情形。公司前总裁和首席运营官格雷格·布伦纳曼这样描述危机时候的公司状况：

> 经理们忧心忡忡，无所作为。10 年内公司换了 10 个总裁。因此，无所事事地等待新管理层上任成了公司的标准运行模式。公司的产出，简而言之，很糟糕，公司的经营结果表明了这一点……自 1978 年走出破产困境后，公司就没有赢利过。

公司濒临前所未有的第三次破产，员工士气一蹶不振，此时，布伦纳曼和前首席执行官戈登·贝休恩制定了一项他们称之为“前进计划”的行动，后来果真前进了。贝休恩回忆说：

> 如果只空谈漂亮的复杂战略，并试图通过一系列无可挑剔的决策实施战略，那注定会一事无成。我们挽救了大陆航空公司，因为我们行动起来了，而且勇往直前，从不瞻前顾后。

大陆航空公司领导者的果断措施使公司起死回生，又继续生存了 16 年。它经历了“9·11”恐怖袭击，以及航空业的经济低迷。后来它与联合航空合并了。当贝休恩执掌公司时，他领导有方，对大陆航空公司产生了重大影响。起初顾客对航空公司的评价很糟糕，后来因其卓越的品质和顾客服务而获得诸多一流奖项。

我的朋友鲍勃叙述的故事也体现了勇往直前的精神。鲍勃是一个总部位于华盛顿特区的大型联邦机构的高级经理。他负责两个地方办事处——一处在纽约，另一处在波士顿。虽然一直与两个办事处保持电话联系，但他也常常要亲临现场解决问题。一般他会乘坐往返于纽约和波士顿两地的班机。

在一个特别忙碌的日子，鲍勃赶往机场，登上了去波士顿的航班。当飞机沿着跑道滑行时，他突然一阵恐慌，意识到自己可能搭错了航班。他前往的可能是另一个城市。接着，他吸了口气对自己说："不要担心，没什么大不了的。无论到哪个城市我都有好多事可干！"他稳住自己，飞机降落在波士顿时他一直保持良好的情绪。他成功地克服恐惧，抖擞起精神。

这里给大家一个警示。几年前，我在一家重要的技术公司调研，试图弄清楚为什么公司花费大量的时间和资源，却未能获得什么市场业绩。我们发现，此组织文化不注重效益，只注重工作本身。

公司具有这样的文化特征：大家相信重要的是要让人看到你在加班工作或周末加班。与几位高层管理人员交谈后，我明确了一点：许多人更关心的是勤恳工作的表象，却不关心工作效果。聚焦工作本身而非工作效果的情况使公司资源不能用于更重要的事项，对公司的经济成功而言这是巨大阻碍。

采取行动要顾全大局

沙克尔顿牢记团队愿景，果断采取团队行动。与此形成鲜明对照的是"卡勒克号"上的探险家史蒂芬逊的做法。"卡勒克号"探险之旅以悲剧收场，部分原因是由于探险队领导者未能区分个人探索和推动团队工作的差异。史蒂芬逊对于此次探险的构想是：1913 年的加拿大北极探险行动旨在探索发现，看极地冰块之下是否可能存在未发现的大陆。

从一开始，此次探险就开局不利。史蒂芬逊是一位人类学家、成功学推销员，并非海员。因时间不够，他选了唯一能弄到的船只，一艘名叫"卡勒克号"、有 24 年船龄的木质三桅船。这是一艘用于捕鱼的帆船，有一个辅助引擎，船速有限，只能达到 5 ~ 7 海里/时。"卡勒克号"的主要好处是便宜、容易得到。

罗伯特·巴特利特被选中做探险队队长，与探险船相比，此人选稍好些。队长人选最后一刻才定下来，但至少他是一名出色的水手。罗伯特是纽芬兰当地人，曾于 1909 年与海军上将罗伯特·皮里一起进行历史性的北极探险。队长对探险船大失所望，他知道，一旦冬天被困冰中，这艘船将有去无回。

从一开始，探险之旅就阴云密布。史蒂芬逊将所有准备工作留给他人。“卡勒克号”起航前 3 天他才到达加拿大的不列颠哥伦比亚省的维多利亚。到达后，他发现探险船凌乱不堪，队员为自身的安全忧心忡忡。在之前，史蒂芬逊在公开场合说了一些令人无法置信的话。他说，“卡勒克号”要向北极挺近，能走多远就走多远，还说，“卡勒克号”有可能破裂沉没。队员们为此次探险的前途和自己的命运担忧也就不足为奇了。

1913 年 6 月 17 日，“卡勒克号”从温哥华岛出发。经历了大雾、引擎失灵，以及 5 根船索断裂后，他们最终在 7 月 8 日到达诺姆。7 月 26 日，船从克拉伦斯角出发，结果遭遇了提早到来的暴风雪和异常深厚的冰原。

“卡勒克号”不适合在这些冰况下航行，而且巴特利特建议说，趁时间还来得及马上返航。史蒂芬逊拒绝了这个建议，他们继续缓慢前行。8 月 13 日，积冰将“卡勒克号”团团围住，没有人特别担心此事，因为他们期待冰况有所好转。事实上，他们“在冰上欢呼雀跃了几小时”，欣赏冰上风光。

他们等待冰况好转，解除对探险船的包围，等了 5 周后，史蒂芬逊不耐烦了。在行动中他领导有方，一旦事情耽搁受阻，他就茫然了。他得出结论说：“‘卡勒克号’无法再依靠自身动力前进了，如果探险船有幸不破损，我们的探险之旅就会类似‘珍妮特号’或‘弗拉姆号’的探险之旅，随冰块漂流几年时间。”

得出此结论后，而且想到以后要被动等待，史蒂芬逊于是动身进行他的个人探险。9 月 19 日，他突然宣布要去狩猎，寻找北美驯鹿。北美驯鹿显然已在此地带灭绝，所以许多人认为，这似乎只是他想离开受阻的探险船而找的借口。史蒂芬逊将食品和弹药装上了两个雪橇，在照了几张相片后，就与其他 4 位队员一同出发，前往巴罗角（Point Barrow）。他给巴特利特留下一封信，承诺说："如果不出意外，我们会在 10 天后返回。"

1913 年 9 月，在探险队受阻和探险领导者离开的情况下，"卡勒克号"随浮冰漂移到了"终极地带"，冰冷的北极海。当"卡勒克号"从冰上转移到海里时，史蒂芬逊努力想跟上探险船，但太迟了。显然，他接受了跟不上船的现实，于是他继续实施自己的计划，进行测量和地理发现。直到 5 年后 1918 年他突然再次现身。

后来，史蒂芬逊为自己抛弃探险队的决定找借口，并极力掩饰探险队面临的困境。他后来汇报说，他相信"卡勒克号"会很缓慢地冻结，探险队员有时间挽救船上的重要储备和设施。他没料到或漠不关心的是，许多人将无法安全返航，会命丧冰天雪地。

史蒂芬逊离开后，探险队再无人领导，成了乌合之众。这一点很清楚：如果全体船员都一心一意地专注于探险之事，"卡勒克号"的探险故事会截然不同，而且会有更好的结局。

对领导者的启示

史蒂芬逊很擅长集中精力解决问题，但只专注于解决自己的问题。史蒂芬逊离开探险队去狩猎，寻找北美驯鹿，这是一则典型的领导者专注于自我需要，而置组织其他人于不顾的案例。这种专注自我的行为当然并不仅限于极地探险家。

我曾观察过一个大型航空航天公司的高管。面对重重压力，他的行为与“卡勒克号”的领导者如出一辙。无论何时，只要公司的效益衰退，他就会关上房门，盯着那些电子数据表。他一直翻看各种数据，专注于自己的问题。这种自我专注使管理团队的其他人感到茫然，他们不知道谁在引领公司。

困境中的领导者需要平衡自我需要和团队需要。他们必须集中精力领导整个组织，这样，他们就会化解组织成员的焦虑，同时确保探险之旅保持良好势头，而确保探险成员都全力以赴。

以有序的安排克服不确定性

有时，人们处于绝境中，不可能采取有前瞻性的果断行动。但是，即使人们无法继续直接前行，还是有一些其他方法使团队全力投入。即使在他们几乎无能为力，只有被动等待时，沙克尔顿也能有效地使团队的一切都井然有序、有条不紊。这些例行之事使探险队员感到踏实，帮助他们减轻了如影随形的对未来的担心和焦虑。

要了解这些规律有序的东西对困境中的探险队员有多么重要，可以设想一下他们混乱不堪的境遇，他们随浮冰漂流，是一群可怜的漂流者。他们的装备只能说很原始，有一些驯鹿皮做的睡袋和简单的帐篷。他们的新家位于漂移的、会发出刺耳声的锯齿样浮冰上，浮冰会在毫无预警的情况下移动。

在冰上宿营的第一晚，半夜，浮冰在他们的驻地裂开了。队员被沙克尔顿的警哨声唤醒。帐篷和储物随即转移到了更大的浮冰上，但此事清楚表明，他们的临时住所并非安全的家。

虽然环境变得更糟，但队员的例行事务并未受到影响。从一开始，沙克尔顿就知道这些基本的例行事务很重要。自从队员从伦敦到达南乔治亚岛后，他们的糟糕状态显现了井然有序、有条不紊的必要性。

当时，沙克尔顿留在英国解决一直很棘手的问题——为此次探险筹集资金。他要付一些劳务费和燃料费，还要付给探险队员家人在他们离开这段时间的工资。这就使探险之旅的第一段行程，即从伦敦到阿根廷的布宜诺斯艾利斯的行程，由“坚韧号”船长弗兰克·沃斯利负责。

后来，沃斯利证明了自己是位优秀的领航人，但他最初的领导表现却很糟糕。他和沙克尔顿一样热情奔放，但他不了解井然有序的重要性。一开始，船长不太沉稳的特点使沙克尔顿感到担心，在写给《每日纪事报》（*Daily Chronicle*）的出版者欧内斯特的信中他表达了这种忧虑。沙克尔顿说：“沃斯利不是那种能将大伙凝聚到一起的人，他迫切想将探险队整个情形尽揽眼底。”

当沙克尔顿到达布宜诺斯艾利斯时，船长缺乏一致性，无章可循的领导方式导致的结果是显而易见的。他发现探险队员无理、散漫、酗酒。沙克尔顿来了之后，每个人都松了口气。他一到场，大家马上感到秩序井然，心里踏实。正如沃德-利斯所说：“有沙克尔顿在船上真是棒极了，一切都像钟摆般有条不紊，每个人都按部就班。”

与沃斯利船长不同，沙克尔顿既热烈奔放，同时还能化腐朽为神奇，化混乱为有序。从一开始他就带领大家形成一些规律性的做法，即使在最初的计划泡汤后，他们能一直坚持。即使“坚韧号”被浮冰团团围困，他们仍继续轮班进行海面观察；无论如何，他们仍每天坚持打理集体生活的琐碎事务；他们将冰块拖上船，以获得用水；他们猎豹，并坚持使用无线电进行警戒。

“一切照常”的策略对减少每个人的失望和沮丧心理大有裨益。科学家照常做科学研究，即使他们只能对企鹅肚中的石头进行辨识；摄影师弗兰克·赫尔利照常对浮冰和天空变换的景象进行记录；另外，他们还正常地训练雪橇狗。

沙克尔顿从之前的探索之旅中了解到，管理雪橇狗很重要。他还依旧希望能完成横跨北极大陆的探险之旅。因此，每组雪橇狗的团队领导者都有任务：通过正常的实践和训练，使每组雪橇狗都能“协同一致”。

当“坚韧号”被撞，探险队被迫转移到冰上时，给人踏实感的例行任务就变得更为重要。考虑到沙克尔顿肩负重压，他对细节的关注度着实令人吃惊。例如，他意识到，探险队也许会遇到匆忙中放弃临时营地的情况，于是他定了一个详细计划，说明如何快速撤离营地，然后给每个帐篷都贴上了这样一份计划。和手下说了计划后，他警告说，任何时刻都可能进行类似“突击测验”的撤离演习，以检验他们的反应能力。

这些令人感觉踏实的例行任务为那些重要的、对改善队员士气有积极作用的组织行动打下了基础。在日记中，沃利斯概括了这种有益于探险的踏实和自信的感觉：

> 我想，我们并非天生乐观。我们的乐观显然源于沙克尔顿爵士确立的秩序和例行任务。有规律的日常事务及务实的做法给人们带来了信心。探险领导者的思想状况自然在整个探险队反应出来。

对领导者的启示

进入未知领域时，领导者不可避免地会感到茫然和不确定。确立重要的组织结构，即务实的做法可以给人们一种井然有序的感觉，使他们工作有成效。拉里·博西迪当时领导联合信号公司（现在的霍尼韦尔公司）的情景，阐明了此做法的强大作用。

作为首席执行官开始接管公司时，博西迪的最大忧虑是，组织上下普遍缺乏信心。他回忆当时的情况："人们感到不被尊重，希望破灭，且失望至极。所以，最重要的是鼓舞、提升人们的士气，将我们能做的具体事务跟他们沟通。"

博西迪采取的措施是为公司重要的流程设计严格的结构。他重组了人力资源部门，对选人、奖励、培养和激励制度进行了细化。他为战略决策过程确立了结构，包括确定如何发现影响公司成功的障碍，以及决定如何克服这些障碍。他修改了公司运营计划，并制定了预案，即"预先考虑的选项"。当外部情况有变时，他们就可以做出反应，实施预案。他还采取了一些管控措施，以确保公司能一直以客户为中心。

博西迪将结构化、系统化的做法延伸至生产过程。例如，他努力让六西格玛质量标准（产品的"次品率"不得高于每 100 万个有 3.4 个次品）在组织中深入人心。他还确立了"终生学习"的员工教育项目。此项目让每位员工，包括一线的操作工每年都得到总计 40 小时的培训。

在这些重要方面的投入使联合信号公司不再风雨飘摇，获得了经济效益。这些努力使公司面貌焕然一新。正如前首席运营官弗雷德·波西斯所说："（博西迪）会毫不留情，但他会激起我们要赢的强烈渴望。"

投入做事以转移注意力

在 23 个月的严酷考验中，沙克尔顿的探险队员有时实际上无事可干。大家自然会常常想家，当然，也想念美味佳肴。沙克尔顿一直很警觉，他设法找一些事让手下干，以分散他们的注意力。这对探险之旅起到了积极的作用。有一个事例值得一提，一位队员失望之极，他简直就想躺下去死。

沙克尔顿是这样解决问题的：他让这位失望的队员去厨房干活。在新岗位上这位队员干得很投入，于是不再沮丧。沙克尔顿回忆：

> 让厨房的炉火持续燃烧是既艰难又吃力的任务，这使他不再有机会去想死的事。实际上我发现，对挂在炉火上面晾干的显然不干净的袜子（袜子非常靠近我们晚餐的牛奶），他有点耿耿于怀。有事可做使他的思绪回到对日常生活的关注中。

这前后的转变非常明显。委以重任，一位等死的队员变成了积极为探险做贡献的人。

对领导者的启示

成功的领导者会着力培养这样的能力：密切注意每位团队成员的状况，有人招架不住无法承受时，他能感觉到。他们需要对成员的负能量加以管控，让他们行动起来，将其注意力从负面问题转移到会带来正面效果的事情上。

我最近偶然获得一个通过行动转移人们注意力的例子。我和一位飞行员朋友谈到了压力下人的行为的话题。那时他刚刚结束一门强化培训课程，内容是如何进行紧急水上着陆。

培训课程的一部分是关于救生艇的。培训课程教机组人员如何指导幸存下来的乘客在救生筏上搭建遮盖物。他承认，遮盖物的保护作用有限，而且装配这种遮盖物很复杂。然而，这样做的核心目的却与保护身体几乎无关。相反，它旨在让乘客在等待救援时有具体事情可做，脑子不胡思乱想。

没有什么能比承担责任更让你专心致志，特别是履行的职责能影响他人时。面对困境时，领导者必须不断观察手下，看谁表露出紧张和焦虑。如有人出现紧张和焦虑的情况，要设法让他飘忽不宁的心绪安定下来。给他们布置特别的任务，让他们承担更多的责任。正如我的武术老师常说的："所谓焦虑就是能量无处释放。"

探险日志

将长期的愿景传达给他人之前，自己需要清楚了解自己的目标。要弄清楚两个层次的目标：作为领导者你自己的个人愿景、组织的愿景。

确定长期愿景

1. 你的个人领导愿景是什么？要引领组织走向卓越，你需要具备什么素质和行为？

2. 组织的终极目标，即探索之旅的最终目的地是什么？是否需要考虑一个"新目标"？

集中精力实现短期目标

1. 有哪些重要的行动机会？可以做哪些具体事情使人感到一切进展顺利？

2. 可以运用哪些组织结构和例行做法让人们感到踏实？还可以采用其他哪些做法？

3. 要提升组织士气，还有哪些"使人行动起来以转移注意力"的方法？

4. 你的短期目标是什么？如何衡量探索之旅已经取得的成功？

第 2 章

树立榜样

策略二：

树立可见的、易记的、象征性的和行为导向的个人榜样。

沙克尔顿语气极为坚定地指出，与最终的生还相比，其他任何东西都毫无价值。他告诫说，要毫不吝惜地扔掉任何不必要的东西，不论其价值几何。他从皮衣里掏出一个金烟盒和其他几样金质纪念品，然后扔到脚下的雪地中。

——阿尔弗雷德·兰辛

第 1 章强调了集中精力实现短期和长期目标的重要性。本章重点介绍一套具体的领导策略，即通过个人榜样及清晰的具有象征意义的行为来鼓舞士气和凝聚力量。

特别是在一些压力重重、人心涣散的情况下，领导力是否可见，意味着成功和失败之别。沙克尔顿非常清楚这一点。他知道，至关重要的是要让手下看到他这个领导者，要清楚地明白自己的任务。我们所有人不必都成为沙克尔顿，但领导者必须知道，可见的领导力能鼓舞士气和凝聚力量。领导者要利用这样的力量来引领组织走出困境。

恰当的演讲

在极端艰难的情况下，合适恰当的话语会给人惊人的力量。当“坚韧号”被浮冰压垮时，船上的人们感到一切都毁了，这感觉一点都不夸张。正如弗兰克·沃斯利所描述的那样：

> 受到数英里之外的无形力量的挤压，船上的绳索紧绷起来，发出有如竖琴一样的声音。当船身被巨大的浮冰夹住，被扭曲、拧转时，索具在压力之下突然折断……此时，任何语言都无济于事。每个人都知道探险船完了。我们失去了冰天雪地中的家。我们被无情抛弃到了白茫茫的荒原上，茫茫荒原很可能成为我们的葬身之地。

探险船被毁很具戏剧性，但更令队员心酸的是其直接的后果：他们只剩 4 周的食物供给。亚麻布做的帐篷弱不禁风，只能给他们提供最低限度的保护。帐篷里没有地板，这意味着队员要躺在冰水上，因为他们的体温会融化身下的冰。即使“坚韧号”不会立刻沉没，但每个人都知道，正如弗兰克·沃斯利写的那样：“我们的许多储备物资都无法抢救出来……食物缺乏令人感觉前景不妙。”

探险队员立于威德海的浮冰之上，听着探险船的骨架断成两半的声音。他们知道自己永远也回不到储藏室了，也不知道接下来会发生什么。虽然沃斯利的陈述具有维多利亚式的保守，但他们的焦虑肯定一目了然。就在此刻，沙克尔顿讲了一番话。弗兰克·瓦尔德回忆：

> 为了鼓舞人心，沙克尔顿做了一番很有特点的讲话，只有他才会讲出这番话来。他简明扼要地告诉探险队员，不要为失去探险船而大惊小怪。他使他们确信，只要不懈努力，真诚合作，他们就会成功抵达陆地。他的话有立竿见影的效果——所有人精神为之一振，对无可奈何的境况也变得较为乐观。

队员知道，外部环境并未改变。但沙克尔顿讲了一番话，准确地说，以恰当的口吻讲了一番恰当的话。他的措辞令探险队员感到，自己的命运可控。沙克尔顿后来回忆：

> 帐篷倒塌后，我召集了所有人，并说，我提议我们带着装备尝试着向保利特岛进发……对他们在艰难困苦中表现出的坚定和良好士气，我表示感激，并告诉他们，我坚信如果继续竭尽全力并且信赖我，我们最终会抵达安全地带。

如果人们认为，对自己的命运无能为力，他们就会变得焦虑不安，感到恐惧。沙克尔顿的一番话使他们相信，可以掌控自己的命运，安全生还和探险成功在望。

另外，沙克尔顿用了恰当的语气——冷静、自信、鼓舞人心。很可能他会使情况变得更极端，但他选择了冷处理方式，可能采用了他招牌式的两手搁在臀部的姿态。他的话不是单单鼓舞人心的话，也不是小圈子聚会时的告诫语。对于当时的严峻情境，那样的话都是不合时宜的。在讲话中，沙克尔顿对当时的情况做了客观实际的分析，并让队员放心，只要他们不遗余力，就一定能生还。

对领导者的启示

我曾与许多高管打过交道。当他们在大场合时会感到不自在，因此，他们会采用自己舒服的方式进行领导，重视一对一或小范围的互动。

与员工建立强有力的个人关系是领导力的重要组成部分。但有时，整个群体或组织需要有人来凝聚人心和力量，这时担当领导角色的领导者必须采用不同的互动方式。在这些情况下，领导者必须面对自己的团队，并将信息与整个团队进行沟通，即发表演讲。

我见识过"为逝去的队友争光"式的激励式演说。我也见识过冗长的、干巴巴的、充斥着复杂财务规划的讲话，或者类似布道的、充斥着对未来可怕预测的、告诫人们要勤勉等的讲话。

有些情况适合领导者对财务规划进行介绍，有些时候，领导者进行标准的激励式演说就可以了。然而，还有一些其他情况，一些人们濒临生死边缘的情况，这些情况需要额外的东西，要求领导者发表恰当的讲话。

发表恰当的演讲，不仅只是背诵由手下应要求事先写好的雄辩的稿子。恰当的演讲要发自真心、要真诚，不要装腔作势。恰当的演讲不必有华丽的辞藻，重要的是，它必须发自肺腑。有时类似啦啦队式的鼓舞士气的演讲反而适得其反。

2009 年 8 月，玛丽·简·福丁被任命为美国普通人寿保险公司首席执行官。福丁上任时，罗伯特·本默切也从退休中复出，离开他的克罗地亚葡萄园，来领导四面楚歌的美国普通人寿保险公司的母公司，即美国国际集团。

当时，美国普通人寿保险公司和美国国际集团的情况一片混乱，形式异常严峻，这么说一点都不为过。雷曼兄弟垮台和随后信用市场崩塌，整个世界仍然在动荡中。美国国际集团前一年的亏损额达 1 000 亿美元，公司股价直线下降。各大报纸长篇累牍地预测公司的最糟结果。其中《华尔街日报》上一篇署名阿瑟・拉弗的文章宣称："繁荣的时代结束了。"

保险业巨头美国国际集团的倒台在许多方面类似"坚韧号"的沉没：一艘所有人都认为安全可靠的船令人震惊地从内部破裂了。这是 70 年内最大的金融危机。财务部负责重组的首席重组官吉姆・米尔斯坦回忆说："美国国际集团整个公司都染了毒，所有人都想与它划清界限，它似乎很快就要垮了。"

许多纳税人对政府出资 1 823 亿美元救助它感到愤慨。对于任何与美国国际集团有瓜葛的人，他们都横眉冷对。有时，他们的愤怒会指向美国普通人寿保险公司的雇员，而这些雇员与依靠复杂的信用产品而获利的美国国际集团的金融产品部毫无关联。公司所有人，包括那些行政人员都不得不面对这样的现实：在公共场合可能会成为人们发泄不满甚至武力威胁的对象。

这就是玛丽・简・福丁同意接管美国普通人寿保险公司时的情形。虽然被保险业内部刊物称为"后起之秀"，但她之前毫无担任首席执行官的经历。尽管在首席财务官这个位置上她获得了良好声誉，但这次的角色却截然不同。整个组织笼罩在恐惧和对未来一片茫然的氛围中。

福丁召集公司高管开会，讨论面临的形势。多数高管都出席了在休斯敦召开的这次会议，其他高管在各地观看了会议视频。

福丁身材娇小，颇有气质，但并不符合人们心目中的保险业高层的形象。然而，她引人注目的奔放气质立即感染了整个会议室的人们。

一开始福丁谈及了美国普通人寿保险公司丰富的历史，以及它历久弥坚的品质。福丁信心十足地说，公司历经多次变故，每次磨难后公司都变得更为强大。接着她讲述了自己的一次个人经历：

> 与你们一样，我也在密切关注美国国际集团的诸多情况。在媒体上，我读到可怕的说法，说我们在为美国最令人憎恶的公司工作。这段日子很难对付，然而，一天我的父母给我打来电话说，我的 47 岁的表哥突然去世了，留下了两个 9 岁的孩子，还有他们的全职妈妈。
>
> 坐飞机回康涅狄克州的家时，我一直在想这件事。令我感触颇深的有两点：第一，坦率地说，与发生在表哥家的事相比，我原以为的公司危机就相形见绌；第二，我对自己说："但愿他生前尽到了对孩子的照顾义务，但愿他有人寿保险。"
>
> 在那一刻我突然意识到，我忘记了我们公司例行工作的重要性。我们的工作是帮助人们保护他们的家庭；我们帮助人们为退休生活做打算；我们帮助他们在生活中最刻骨铭心的、最艰难的时刻走出困境。我们在做有益的事。我们的工作必不可少，这一点我们永远不该忘记。

显然，福丁的话发自肺腑。然而，他们的工作虽然重要，但并不能改变现实。他们被评级机构调低了信用等级。美国国际集团的品牌受损，而且母公司不能再提供多余的流通资本。他们不再是业内的巨头。

福丁继续讲述着他们面临的困境，但她强调，尽管困难重重，美国普通人寿保险公司团队仍然会成功，而且组织会获得新生。然后，她请求与会者允许她再跟大家分享另一次经历：

今年6月，我和丈夫及女儿到意大利旅行。你们可能不清楚，我父母出生在意大利，在我出生的前几年移民到美国。

我惊奇地发现，威尼斯这座建于岛屿上的城市是由逃离野蛮入侵的难民打造的。他们离开自己的家园，扔下自己的财物，来到这些荒芜的岛上寻找庇护所。

这些难民没有自暴自弃。带着不可思议的远见、创造力、创新力、辛勤劳动，以及十足的勇气，他们将威尼斯建设成一座重要的、生机勃勃的城市。多年之后，威尼斯成为欧洲具有战略意义的地区。即使在数千年后的今天，对我们所有人而言，威尼斯仍然是一个奇迹。

当地专家解释所有这些过往时，我不禁想到我们此刻正经历的一切。我意识到，面对困境那些难民做出了选择，他们选择了重建家园，选择去拼搏。他们选择让自己好起来，并创造一个持久的遗产。我想到了我们，我们也在做选择。

我选择了向前看，去重建、去拼搏，我需要你们做出同样的选择。毫无疑问，我们经历了挫折，但我们的内核并未改变。我们这个组织坚韧不拔，以创新为豪。这未曾改变，也没有人可以改变这一点。我们需要让公众知道：美国普通保险公司正常营业。

我要感谢你们，感谢你们在我看来最令人难以置信的危难时刻付出才华、精力和坚持。我期待着将公司打造成卓越的组织。我期待你们大家的帮助。让我们行动起来吧！

与沙克尔顿一样，福丁也承认，他们的形势严峻。她运用了强有力的比喻来突显公司的工作和面临任务的重要性。她还勾勒出一幅公司取得成功的生动画面。最后，与沙克尔顿一样，她对公司员工表达了感激之情，感谢他们为度过将他们重重包围的危机而付出的辛勤努力。

福丁的讲话赢得了雷鸣般的掌声。从那以后福丁和她的领导团队开始了前往开阔水域的“雪橇之行”。

采取生动的具有象征意义的举动

虽然沙克尔顿说明探险的情况时有意采用保守的说法，但在简要说明实现探索目标需要采取的行动时，他则使用了夸张的语言。对他们无能为力的事，他不会危言耸听；而当需要动员探险队员克服不同寻常的障碍时，他却表现出非凡的运用戏剧元素的才华。

早先在布宜诺斯艾利斯，沙克尔顿就显示出运用符号和象征进行沟通的能力。当时，船上的大副莱昂内尔·格林史屈在试图发动“坚韧号”时将螺旋桨搞坏了。格林史屈料想自己肯定会受到责备，或许还会受惩罚。相反，沙克尔顿却帮他修好了螺旋桨，而且再也没有旧事重提。这样的处理方式传达出的信息令人一目了然：人人都会出错，要纠错并继续前进。这种公开的举止成为贯穿探险之旅的具有象征意义的举动。

当“坚韧号”被浮冰压坏，沙克尔顿再次做出了具有象征意义的举动。他相信，只有当所有无用之物被丢弃时，他们从浮冰前往开阔水域的雪橇之行才能成功。他不得不告知全体成员：任何无助于探险之旅获得成功的物品都必须扔掉，无论此物与你有何情感关联，或者它本身有何其他价值。

沙克尔顿意识到，一些个人物品虽然未必有助于生存，却有益于心理健康。他努力在所带物品的重量和行进速度之间找到平衡点。

> 我很不情愿让每个人带两磅重的个人物品。因为我很想尽可能地减少携带物品的量，但有些个人物品还是不可或缺。探险之旅可能很漫长，很可能他们要在另一端荒凉海岸边的临时营地度过冬天。在这样的情况下，人们需要可供想念的东西，有关海的另一头的家和家人的实实在在的纪念物。

因此，关于家的纪念物不可或缺，而其他一些在不同场合可能有不同价值的物件却可以舍弃。在下令每人只允许携带两磅的个人物品后，沙克尔顿以夸张的姿态给大家做出了轻装上阵的榜样。他从皮衣里掏出一些金质纪念品，然后将它们扔到了脚下的雪地里。随后，他再次从皮衣里掏出一个金质香烟盒，也将它扔到了雪地中。

正如沃斯利回忆的那样，此举传达出清楚的信息：

> 现在，沙克尔顿决心减掉任何一盎司多余的重量，以期能靠雪橇前往南极大陆最北端的地方格雷厄姆地（Graham Land）。他自己以身作则，扔掉了一只金表、一个金质香烟盒，以及几个金质纪念品。这是多么了不起的举动！目睹此举后，我们自然都或多或少深刻认识到，生活中事物的价值会改变，并意识到，有时

金子不是财宝，而是累赘。之后，所有人都扔掉了除生活必需品之外的所有物品。

对领导者的启示

告诉人们需要完成什么任务是一回事，而采取令人难忘的、具有象征性的举动夸张地表明面临挑战，却是另一回事。这些象征性举动可以像扔掉金质纪念品一样夸张，也可以更为平和。无论是怎样的象征性举动，它都要生动，而且令人难忘。

有一家航空公司，在十大航空公司中它的客户服务质量排在最后。公司受到一整套官僚规定的束缚。这些规定对方方面面都做了事无巨细的说明，包括在换登机牌处员工应使用哪种颜色的铅笔，以及员工病假条的折法。可问题是这些规定束缚了航空公司雇员的手脚，他们实际上没有权力自主解决问题。如果违反规定，他们会受到惩罚。

例如，如果有航班被取消了，持全价机票的乘客可在宾馆免费住宿，而排在后面的持打折机票的乘客则只能得到一顿免费餐。此类僵化的做法对树立公司的公众形象无济于事。这些规定使登记处的员工可能得面对愤愤不平的乘客，实际上，这使员工的工作因面临风险而有权得到额外补偿。

公司政策手册是僵化制度的象征。意识到需要变革后，公司首席执行官将一些雇员带到一个停车场。他们将公司政策手册扔到一个容积为 55 加仑的桶中，在上面浇上了汽油，然后将其点燃。通过焚烧政策手册，领导者给组织传达出这样的信息——不要盲目执行规定，要运用自己的聪明才智见机行事。只要是为了公司和乘客，就是对的。

可见的领导者：让人们看见你在领导

沙克尔顿知道这一点很重要：不仅要用语言，还要用行动来表明你在履行领导职责。在整个探险过程中，探险队员都看到他坐镇领导。然而，最突出的一个例子发生在再次宿营后他们乘坐无遮蔽的救生船前往大象岛的航行中。

这次令人精疲力竭的航行是最消耗体力、最令人沮丧的一次航行。由于经常下雨，队员全身都湿透了。海风呼啸，他们常常不能安稳地睡上一觉。小小的救生船周围到处可听到食人鲸发出的嘶嘶声。队员们心生恐惧，生怕鲸鱼靠近船身，使整个救生船倾覆。

海风和洋流非常凶猛。有时，在航行了几小时后队员懊恼地发现，他们不仅没有离目的地更近，实际上，反而离目的地更远。

雪上加霜的是，他们缺乏新鲜淡水，只能靠生嚼海豹肉和吸吮海豹血来解渴。最糟糕的是，许多人晕船厉害，因为小救生船会随着海上巨浪的高低起伏而颠簸不已。

沙克尔顿这样描述当时的情景：

> 温度降到了零下 4 度，海面上结了薄薄的冰。不值班放哨时，我们就互相靠在一起取暖。在我们身体接触的地方，冻着的衣服会融化。如果我们稍微动一动，这些相对暖和的地方就会暴露在寒冷的空气中，因此，我们互相依靠着一动不动。间或，几乎晴空万里的天上会下起暴风雪，雪无声地落到海上，也给我们身上和救生船披上了一层薄薄的银装。

情况非常严峻，有几次沙克尔顿都怀疑黑夜过去后是否所有人都能醒过来。如果整个探险途中有任何需要领导者在场起领导和鼓舞作用的时候，那此时就是。沙克尔顿知道自己作为领导者的作用。他坚定地立于救生船尾“指挥着航程”，以此表明他在坚持执守，在鼓舞队员。

当摄影师赫尔利丢了手套时，沃德-利斯注意到了沙克尔顿的反应：

> 他立刻摘下自己的手套。虽然他站的位置最为暴露，但他还是坚持要赫尔利收下手套。对方坚决不接受时，沙克尔顿几乎要将手套扔到船外。自己的队员没有手套戴，他自己是不会戴着手套坐视不管的。结果，沙克尔顿的一根手指被严重冻伤。

沙克尔顿在关键时刻起领导鼓舞作用，而且树立了自我牺牲的典范，这对救生船上全体人员安全地抵达大象岛至关重要。

稍近的发生在越战中的例子证实了领导者可见性的重要性。菲尔·卡普托在越战中是海军陆战队的一名中尉。在其个人回忆录《战争谣言》(*A Rumor of War*)中，他描述了手下一个被称做“狂野比尔”的排长坎贝尔中士如何应对因遭遇伏击而导致的恐慌情况。当时，坎贝尔和他的整个排遭到了敌方自动武器的猛烈攻击。子弹嗖嗖地向树林袭来，树叶被打成碎片，树枝被打断。海军陆战队队员慌了手脚，他们倾其子弹，盲目还击，浪费了许多弹药。卡普托是这样回忆的。

> 我并未感到害怕，只是不知所措。也或许我不知所措是因为我感到害怕。这时，我听到坎贝尔突然大声在我们后面喊道：“停止射击，你们这些愚蠢的家伙！停火！”敌方几颗子弹就射在他身后，地上尘土飞溅，最后一轮射击离他的脚后跟就差一英尺。他

继续从容地走着，就好像他是步枪打靶场上的教练。他继续说：“停止射击，二排。难道你们看不到自己在乱射击吗？该死的，你们开枪得有点谱吧。”

面对敌人猛烈的火力攻击，中士的临危不乱使人备受鼓舞。海军陆战队队员回过神来，不再盲目射击浪费弹药。火力攻击停止了，中尉卡普托从他抢占的战壕里爬出来。当卡普托称赞中士临危不乱时，坎贝尔认为他的英雄举止不值一提，将其归功于自己从直升飞机跳下时落下的后背伤。很可能这位久经沙场的海军陆战队队员知道，自己排里的士兵受到了惊吓，情绪失控了，所以需要镇定下来。他个人的榜样力量将危难时刻的整个排的局面扭转了过来。

对领导者的启示

精明能干的领导者可以不事张扬，但必须要让手下目睹其领导力。乘坐无遮蔽的救生船前往大象岛，这对生理的挑战极大，也是探险过程中遭遇的最具终极压力的一部分。每个人都面临极大压力，对沙克尔顿而言尤其如此，因为他承担着领导他人的主要责任。

虽然沙克尔顿个人也吃尽苦头，但他知道立于阵地前沿的重要性，他愿意面对冰冷的浪花飞沫。“狂野比尔”坎贝尔也了解领导者可见性的重要性，他有意立于敌人的火力之下，以便稳住队员。

当人们不受寒冷和潮湿侵袭时，或者当人们在进行领导力个案研究时，泛泛而谈此类行为再容易不过了。而当你精疲力竭、面临危情时，无论危情源于天气、狙击手的火力，还是愤愤不平的顾客，情况分析者，抑或股东，真正进行现场领导却完全是另一回事。

然而，在这些各不相同的场合，要让手下看到你“立于船尾”。如果了解这样做的必要性，那么你就可以有意创造一些进行现场领导的机会，使你能利用自己的领导角色去安抚、指导、激励他人。

然而，现场领导的力量并不局限于扭转局面或克服危情。麦当劳的创建者雷·克罗克喜欢不提前告知就直接跑到靠近总部的一些分店去查看。他这样叙述了其中一次的情形。

> 一个阳光灿烂的 7 月的午后，我将车开进一家麦当劳分店的停车场，注意到鲜花盛开的树丛中满是垃圾，如摇摇杯、欢乐餐餐盒、纸巾等。到了店里，我提出要见餐厅经理。可店里只有助理经理在，因此我让他叫经理过来。餐厅经理焦虑不安地从附近的家中快速驱车赶了过来。“先生，有什么可以为你效劳的？”经理问我。我领着他来到停车场，指着树丛说：“看看，我们不想餐厅的四周到处是垃圾！”几分钟工夫，我、我的司机、餐厅经理就将树丛中所有垃圾都清理干净。

通过与这位经理并肩行动，克罗克告诉人们：与责备相比，解决问题更重要。克罗克还树立了这样的榜样：每个人都有责任做该做的事。此故事已成为麦当劳公司传奇的一部分，它帮助公司形成注重细节和精诚合作的组织文化。

这些故事的要点很清楚：作为领导者，你具有独特的角色和特殊的权力。先制定计划，然后运用现场领导、象征性举动、个人榜样，并运用自己的领导力来引领组织走向卓越。

探险日志

1. 观察并思考你的团队需要做些什么才能达到卓越，你认为其中最重要的事项是什么？

2. 怎样运用生动的、令人难忘的象征性举动和形象来突显重要事项？能否用一则故事或一个比喻来说明？要达到沙克尔顿将金质纪念品扔到雪地中的同样效果，你有何方法？

3. 你是否运用了恰当的演讲来鼓舞士气和凝聚力量？是否需要再次对团队成员发表演讲，以重整士气再聚力量？

4. 就领导者的可见性，你有何打算？也就是说，你会怎样做来确保手下能目睹你作为领导者所起的作用？你会花多少时间在办公室以外的地点，或者花多少时间进行现场领导？

第3章

乐观和自信

策略三：

向他人传递乐观和自信，同时面对现实、实事求是。

探险队员彼此之间，以及他们对整个探险队持什么态度，沙克尔顿对此有着罕见的、令人称奇的了解。他深刻领会到，一个人或者一小群人可以对他人的心理产生深刻的影响。因此，他几乎一直坚持保持开心和乐观。实际上，他的态度是“你要非常乐观”。

——弗兰克·沃斯利

敏锐的才智、超强的业务能力，以及优秀的人际能力是基本的领导才能。但如果有一种能力能够在危机中有所作为，那就是在面对绝境时保持乐观的能力。它是这样一种能力：能在绝望中看到希望，相信仍然有获胜的可能，并且让别人相信你是对的。

一些批评者也许会说，沙克尔顿的整个困境之所以会产生，就是因为他乐观得过了头，他最初就不应该登上探险船。毕竟，挪威捕鲸人已经警告过他浮冰的状况很危险，但是在更稳妥的选择是往回走的情况下，他依然选择了继续前行。

我在本章和本书后面会提及此问题。但无论如何，不可否认的事实是：探险队能克服巨大困难，很大程度上归功于沙克尔顿顽强的乐观精神，以及他将积极乐观传递给他人的出色能力。

培养自身的乐观精神

将乐观灌输给他人之前，自己首先要乐观。沙克尔顿家族的座右铭“坚毅必胜”概括了这位探险家的性格。然而，他不屈不挠的精神更甚于其家族精神遗产，那是他努力培养的品质。

沙克尔顿致力于培养自己的乐观精神。这一精神似乎贯穿于他所有的行为之中，特别是他的阅读。例如，他喜欢引用诗人罗伯特·布朗宁的《期待》(*Prospice*)：

> 我曾是一名战士，所以，再战一回
> 最好的，也是最终的战斗！
> 对勇士而言，最糟的将突然变成最好的
> 黑暗时刻快过去……

沙克尔顿总是以乐观的方式看待世界。在他的首次南极探险之旅中，当队伍被暴风雪所困时，他阅读达尔文的《物种起源》(*Origin of Species*)。他赞成达尔文自然选择、物竞天择的观点。尽管身体不好，他仍感到精神振奋。

当然，顽强、乐观是那个时代的精神，但沙克尔顿将乐观发挥到了新的高度。尽管沙克尔顿在为探险队寻求财力支持时，面对他人的拒绝展现出超强的游说能力，但他不仅仅是一位推销者，沙克尔顿坚信他终将成功，他将信心传递给了他人。

对领导者的启示

有人会问：你是否具有像沙克尔顿这样的乐观精神？毕竟，他是一个具有超凡魅力和特殊品质的领导者。沙克尔顿和其他伟大领导者常常对自己的能力似乎有一种与生俱来的特殊信心。例如，在成长过程中，乔治·巴顿将军坚信自己在历史长河中占有不可或缺的地位。

也许有人很难认同沙克尔顿无限的乐观和认为事情总有解决办法的热忱信念。我们很少有人在具有类似“坚毅必胜”这样激励人心的座右铭的家庭中长大。例如，我有一个客户，读了沙克尔顿的探险故事后，他主动分享了他的家族座右铭“我们心怀善意”。并不那么激励人心。另一位领导者嘲弄道：“对我来说做一名乐观领导者不难，但沮丧的时候除外。”

对很多领导者而言，还有很多问题有待解答。保持乐观的能力是与生俱来的吗？乐观真的可以通过学习和培养获得吗？如果我还不具备这一品质，那么该如何培养乐观的个性呢？

并非人人天生就乐观，但我们有理由相信，乐观是一种可以通过学习来得到极大提升的能力。关键在于，我们所有人在几乎所有时候都忽略了自己的内心对白。

有时，我会问一群人这样的问题："你们中哪些人会和自己对话？" 通常会有一半的人举手。另一半人（对自己）说："我不和自己对话。"

真实情况是，和自己对话是人类天性的一部分，而且培养乐观精神的第一步就是密切关注你和自己的对白。如果你注意到了这种内心对白，特别是在遭遇逆境或挫折时，你就会了解你向自己传送的有关成功和失败的信息。正确的信息使人振奋，错误的信息使人气馁。

培养乐观精神的方法是不断地自我传达积极的信息，将令人气馁和悲观的声音抛到脑后。有些传达积极信息的方法听起来有些做作。我同意：它们也许听起来做作，但通常很管用。

我有一位客户，他要带领团队完成一项极其困难的任务。此任务是完成一份某商业领域的完整报告，而团队成员之前完全没有此商业领域的直接经验。任务进展十分缓慢。在截止时间迫在眉睫的情况下，每个人，甚至领导者都很沮丧，目标看起来似乎无法完成。

一天，这位团队领导者看到一份杂志上用彩色标注出一条广告说："你能做到!"他把这句话剪下来，贴在浴室的镜子上。每天早晨，他看到的第一件东西就是自己的脸和"你能做到"的标语。这一乐观的情景设置确实改变了他一天生活的心境。做作，是的，但是有效，因为团队在截止日期前完成了一份反响很好的报告。

还有一些更为复杂的考虑如何改变自我信息的方法。心理学家马丁·塞利格曼率先提出一种叫做"后天的乐观"的系统方法。塞利格曼研究了各种真实情境中积极的自我谈话方式，或叫做"归因方式"（explanatory style）的作用。这些真实情境包括推销保险，或在西点军校顺利度过新兵第一年的考验。他得出结论，积极乐观者比消极悲观者做得更好，而且他们的成功率比客观数据（如 SAT 分数）预测得更高。

塞利格曼认为，他的 ABCDE 模型比仅仅传递积极信息更有效。经过我的简化，此模型包括 5 个概念和相关行为：

1. 逆境（Adversity）。明确你遇到的逆境（例如，重要项目进行当中电脑突然崩溃）。

2. 信念（Beliefs）。记录下你对此事的想法和信念，也就是你对此的解释（例如，我永远无法完成报告）。

3. 结果（Consequences）。明确你的想法造成的后果（例如，你感到沮丧）。

4. 质疑（Dispute）。用基于依据的正面论点对消极想法进行质疑（例如，通过坚持不懈的努力，我克服了其他技术难题）。

5. 活力（Energy）。激发战胜逆境所需要的活力和情感（例如，我感到轻松多了，相信我能应对此问题并完成报告）。

“后天的乐观”这一方法是一个很有价值的工具，但是这一过程需要训练。要练习使用这种方法去处理一些较小的挫折，这样在面对大的逆境时你就能运用自如。另外，无论你用什么方法，都要注意内心的对白。正如亨利·福特所说：“不管你认为自己行或者不行，你都是对的。”

传播乐观精神

沙克尔顿不仅培养自身的乐观精神，他还能将积极的观点传播给探险队的每位成员，甚至那些愤世嫉俗者，并给他们带来深远影响。他在几个方面展现了这一非凡能力。

沙克尔顿热情洋溢的天性很有感染力。他非常相信探险能获得成功，对此深信不疑，所以人们很难不把他的成功归功于乐观精神。沙克尔顿同样将“你要非常乐观”的态度确立为探险队的一项核心原则。这是一项需要学习和培养的原则。

也有几次，沙克尔顿激发信心的能力在于他装作若无其事的能力，即英国人传统的坚毅和钢铁般的自控能力。这一点可以从沙克尔顿在船上举行“联欢”前后的行动中看出来，那时探险队其他成员还没有意识到他们身处困境的程度。

探险队会在甲板下方被戏称为“丽兹酒店”的区域举行一些联欢会，联欢活动和极地探险的传统保持一致，其中包括短剧表演、歌曲演唱，探险队员因陋就简，尽其所能设计出临时服装。当探险队员都在为欢乐的联欢做准备时，沙克尔顿找到弗兰克·瓦尔德和沃斯利船长，向他们说出了对当前严峻处境的看法。他确信探险船在劫难逃，毫不含混地对沃斯利说了以下的话：

> 船长，这样下去船肯定没救了……你要知道，船完蛋只是时间问题。也许几个月，或者几星期，甚至几天……但是浮冰不会毁掉一切。

可怕的预言话音刚落，大副格林史屈敲开了船舱的门，宣布探险队员已做好了联欢的准备。几分钟后，沙克尔顿就在“丽兹酒店”（储藏室）和“大男孩”们开怀大笑起来。没有人能够猜到他那时心事重重。

当然，也有几次沙克尔顿顽强乐观的背后是巨大的责任压力。这一点在他们再次宿营到逃到相对安全的大象岛的这段时间内尤为突出。对这位领导者来说那是一段难熬时光。探险队停留在一片不断缩小的浮冰上，狂风和恶劣天气肆虐，浮冰相互碰撞，突起的冰块威胁着他们。沙克尔顿这样回忆他那时的感受：

> 我承认，我感到沉重的负担压在我肩上。但是，队员的态度也激励和鼓舞了我。

沙克尔顿从团队的乐观气氛中受到鼓舞，反过来，沙克尔顿的亲临现场的行为也激发了探险队员的乐观精神。他这个老板并不仅仅告诫员工要满怀希望，还善于以微妙的方式营造一种“一切皆有可能”的积极乐观精神。

例如，他让大家参与一场生动的、引人注目的讨论，讨论内容棒极了，让他们对阿拉斯加探险之旅进行展望。对于一个处于冰冷的南极大陆的群体而言，去地球另一极的想法似乎有些荒谬可笑。但这一展望活动使处于困境中或者在思考前方潜在危险的人们暂时忘记现状而关注将来。沃斯利叙述道：

> 我们查找了手边所有的地图和相关书籍，在还未确定如何解决目前的困境时，我们就对下一次探险之旅充满了热情。

计划去阿拉斯加探险显然是在漫长空虚的时光里让探险队员开心的方法。从这个意义上说，这是一种“投入做事以转移注意力”的方法。然而，不仅如此，它还使大家关注未来，并给出了还会有其他探险之旅的承诺。其中的寓意很清楚：他们将战胜目前的困境。这种做法正是整个探险文化激发信心和希望的一种典型方式。

对领导者的启示

在困境中获得成功的领导者能够向他人灌输组织终将实现目标的信念。但领导者究竟如何传播乐观精神？当生存不成问题时，领导者如何传播“乐观精神”？

领导者必须使其团队相信，成功既是必需的也是可能的。领导者必须在不针对任何个人的前提下挑战人们的想法。而且，当需要改变时，他们要向人们表明改变进程是可行的。他们还必须找到一种方法，来创建个人与整个组织的关联感。这些都是激励人心的关键要素。

沙克尔顿经常以个人方式与探险队员接触，并顽强地把他们说服。对沙克尔顿而言，这种坚持不懈的方法很奏效，但是在思考危情中的乐观精神时，却有一个问题浮现在我脑海：面对困境领导者该如何客观地、无保留地与他人分享自己的疑虑和内心感受？

有人认为，个人真诚需要完全开诚布公，领导者应该透露他内心深处的所有感受。他们认为，如果不这样那就是虚情假意，并且开诚布公也使其他人同样坦诚。

我的看法与此不同。我认为，尽管领导者有表达沮丧、害怕甚至绝望情感的天然倾向，但他们需要保持镇定。这并不是说，他们应该向其他人隐瞒实情或者所处境地的基本情况。相反，这是说，在危机中，如果人们能感觉到领导者的态度，将成为一股强大的力量，这股强大力量可以产生正能量和乐观，或产生恐惧和悲观——这会成为一个自动实现的预言。

如果有人公开表达害怕和怀疑情绪，那么他就很难，甚至不可能去重新点燃对成功至关重要的乐观情绪。因此，我认为，领导者需要最佳地控制和约束自己的恐惧情绪，直到消极信息被消化。这时，人们在讨论忧虑的同时，还能提出可行的解决方法，而且还会对未来充满希望。

建立恰当的团队“乐观商数”

听了横跨南极探险故事后，一些人得出结论：探险成功可以追溯到最初的选人过程和沙克尔顿组建一支如此能干的团队的能力。实际上，沙克尔顿的选人面试经常很匆忙和偶然。但他确实挑了几个特别能干的人担当重要角色，并且让最终入选的人发挥了最佳作用。

将合适的团队成员放到合适的位置，沙克尔顿此方面的本领在技术任务中显现出来，但同时他对探索队员有合适的性情和世界观也十分敏感。尤其，他似乎觉得团队承担艰巨任务所需的“乐观商数”（乐观团队成员与较悲观团队成员的商数）有临界值。

或许沙克尔顿做出的最重要的选择就是他的副手——弗兰克·瓦尔德。沙克尔顿和瓦尔德在之前的南极探险中曾一起经历过极端的艰难困苦，因此对瓦尔德的性格有全面的了解。瓦尔德不仅坚定和忠诚，而且和沙克尔顿一样也有同样的基本信仰，那就是，困难就是用来克服的。

在很多场合瓦尔德的乐观都十分重要。例如，联欢之前沙克尔顿不合时宜地宣布了“坚韧号”的命运。这时瓦尔德看到沃斯利船长动摇了，他立即站起来，用柔和但坚定的语气打消了船长的疑虑：“我们不会让浮冰左右我们的命运，可怜的小‘坚韧号’可能会完蛋，但我们不会。”

这番话说得太好了，沃斯利得到了安慰。他后来回忆：

> ……瓦尔德刚才说得对。对像我这样的老水手而言，弃船就如同截掉胳膊或者腿一样，但瓦尔德的话使我意识到，尽管在我眼里船如此重要，但还有危在旦夕的生命……我们的工作就是确

保冰不会伤及生命，即使伤到了船。

这并非个别情况。瓦尔德保持乐观精神的能力一直是支撑整个艰难探险历程的基石。在沙克尔顿驾驶“詹姆斯·凯尔德号”向南乔治亚岛航行后，这一品质经受住了极端考验。沙克尔顿让瓦尔德全权负责留在大象岛上的 22 名探险队员。对领导力而言，管理好这些“留守人员”的情绪是一项巨大挑战。实际上，这甚至比他们的老大前往南乔治亚的航行更困难。

在接下来的 128 天，沙克尔顿生死未卜。尽管前往南乔治亚岛的求助人员显然凶多吉少，但瓦尔德每天都面临保持希望的挑战。还有其他潜在的绝望情况：沃德-利斯，一直很悲观，他预测说企鹅肉快没有了，而且处境继续越来越令人绝望。他们都痛苦不堪，特别是布莱克伯罗，就是那个偷渡者，他的脚不得不从踝关节处被截掉。考虑到所有这些（连同烟草供应耗尽的极度沮丧），一种世界末日的气氛很可能会扩散开。

沙克尔顿完全有理由相信瓦尔德凝聚队员团结一致的能力。瓦尔德不仅像过去那样照例兢兢业业地为全体探险队员服务，还让队员保持了他们在沙克尔顿领导下所展现的积极态度。

显然，即使在沙克尔顿不在的情况下，他的乐观也已经深深地植入团队精神中，而且弗兰克·瓦尔德一直努力保持这种乐观。他拒绝相信任何他们得不到营救的可能性。作为对他们会得到营救的坚信不移的象征，瓦尔德每天用愉快的声音将大家叫醒：“小伙子们，捆牢了，装好了！老大可能今天就会来！”甚至孤僻的沃德-利斯都不得不承认，瓦尔德能使那些近乎绝望的探险队员保持乐观精神，真是“好样的”。

沙克尔顿选了瓦尔德做副手，这对探险队员的成功返回至关重要。还有一些其他事例，也可看出乐观似乎成为一个明确的选人因素。当沙克尔顿挑选探险队员前往南乔治亚岛时，这是最艰险、困难的任务，因此他寻找具有综合素质的人。对于选可信赖的人来维持团队精神的重要性，他似乎天生就了解。

沙克尔顿选择蒂莫西·麦卡锡作为“詹姆斯·凯尔德号”救生船的 5 位水手之一，麦卡锡是一位“能干的水手”，他良好的个性使探险队人人都对他喜爱有加。诚然，麦卡锡可以贡献他的体力，但他最重要的贡献在于，在他们所经历的最糟糕的海洋和天气状况下，他都能保持积极的态度。

在 16 天的航行中麦卡锡一直保持乐观的态度。沃斯利回忆起一个生动的事例。

> 麦卡锡是我见过的最顽强的乐观主义者。那时船被冰戳坏，海水从他脖子旁倾注而下，当轮到我掌舵，换他下来时，他高兴地咧着嘴笑着对我说：“先生，这是伟大的一天，我刚才还感到有点厌烦了呢……”

麦卡锡不屈不挠的乐观精神无疑鼓舞了那些全身被浸湿的水手的士气。对于这场艰险航行而言，他是一位不错的人选。

对领导者的启示

挑选人员担当一些重要岗位时，必然要考虑要实现最佳绩效所需的知识、技能和能力。

通常会仔细考虑的还有其他个人品质，如协作能力、正直等。但就一般具体的岗位而言，人选的性格趋向于乐观还是悲观，可能不怎么重要，在一些情况下可能不是最重要的。

这并不是说，在选人过程中让每个人都要参加性格测试。但我确实主张仔细观察并了解每个人面对逆境的方式。简单说，我主张选用那些团队面对困境时积极乐观的人。

我常乘飞机飞来飞去。在我看来，能想象到的最困难的任务之一是：和筋疲力尽的旅客打交道。在西南航空公司，确立恰当的乐观商数始于招聘过程。正如西南航空的前首席执行官赫伯·凯勒尔曾说的：“我们需要乐于助人、态度积极的人。”

为了培养乐观精神，公司将训练方法进行结构化设计。要完成练习，每个人都必须有所贡献。在练习后进行的讨论中，培训导师指出每个人为完成练习所做的贡献，并说明受训者的性情差异。通过录用态度积极的员工，并通过培训和认可来强化此态度，西南航空在培养员工乐观和多样化方面取得了成功。

团队的乐观商数到底应该指什么？它并非指团队中所有人都用玫瑰色眼镜看待世界。正如我在后面将谈到的，团队构成多样化很重要。但是，团队乐观商数是即使当任务似乎无法完成时，团队也应该充分保持必胜的信念。每个团队都需要一位麦卡锡式的人！

知道如何重新定义困境

一些领导者以积极的、能激发正能量的方式重新定义灾难性事件，他们以此激发人们的乐观精神。以《活着》(*Alive*)这本书中叙述的生存故事为例。

1972 年 10 月 13 日，一群乌拉圭橄榄球运动员及其家人乘坐的飞机失事，迫降在高耸的安第斯山脉。在挣扎生存下来的过程中，他们遇到了很多障碍和挑战。令他们感到安慰的是，每天广播都会直播实施救援的进展情况。然而，8 天后搜救取消了。有 3 名乘客听到了此消息。他们进行讨论，是否要将此消息告诉其他人。最终，这群人中涌现出的领导者之一古斯塔沃·尼克利什坚持认为必须告知其他人这一困境。

> 他爬过由手提箱和橄榄球衣堆成的挡风墙的洞口，蜷伏在灰暗通道的入口处，看着转向他的一张张可怜的面孔，大声说："嘿，小伙子们，好消息！我们刚才听到广播上说，他们取消了搜救。"拥挤的机舱里一片沉默。受到困境带来的绝望情绪的感染，他们哭了。
>
> "见鬼，这消息好在哪？"帕兹朝尼克利什怒吼道。尼克利什说："因为这意味着我们得靠自己走出困境。"

古斯塔沃·尼克利什展现出的乐观和信心帮助一群人度过了飞机失事之后最令人压抑和疲惫的时光。通过用激励的方式重新定义处境，他做到了将大家团结起来。然后，作为一个整体，开始承担起自救的责任。

对领导者的启示

我从书中了解到，中文中危机一词有两层含义："危"代表"危险"，"机"表示"机会"。最初我对此表示怀疑，所以就询问在耶鲁大学读书的一名中国留学生，问他这到底是怎么回事。他犹豫了一会儿，写下这两个字，然后微笑着看着我。他证实了我之前从书上读到的内容，尽管直到我问他，他才意识到"危机"的这两层含义。

卓越的领导者能够看到困境和机会，即使其他人只看到危险。也许有人不赞成此观点。我曾工作过的一家公司中常有人开玩笑说："人们厌烦'大机会'，只要有些'小问题'就心满意足。"然而，能以积极的观点重新定义事件，并坚持积极观点的领导者能够力挽狂澜。

要指出的重要一点是：重新定义不仅仅是指愉快地说一切都平安无事。此过程有 3 个步骤。第一步是考虑困境及可能出现的所有结果，包括积极的和消极的；第二步是关注那些与真实处境相符的积极想法。从统计意义上说，积极的观点也许不是最可能发生的结果，但它肯定是一种可能发生的情形；第三步，尽管会受到抵制和讥讽，但一定要坚持积极的观点。

坚持脚踏实地

沙克尔顿坚持主张"必须非常乐观"，这是他作为领导者最令人钦佩的品质。但是沙克尔顿也为自己一直流露出的乐观付出了相应代价。有几次，他单纯的乐观似乎令他不能面对现实，这使探险队员之间产生了分歧。

沙克尔顿和探险队员因囤积食物而发生的冲突就是这样一个例子。大副格林史屈确信探险队要做好在浮冰上长时间逗留的准备。沙克尔顿认为一个月的供给就足够了，并且对狩猎队带回来的 4 只海豹感到满意。当沃德-利斯滑雪到营地宣布他又猎获了 3 只海豹时，沙克尔顿拒绝将额外捕获的海豹带入营地。格林史屈写道：

> ……目前的食物短缺只是因为，并且完全是因为领导拒绝本该带着的海豹……他的盲目乐观……在我看来绝对愚蠢。

沙克尔顿过于乐观了，他也被格林史屈的争辩激怒了，辩解说大副的行为是不忠的表现。如果这成为一种习惯，如果沙克尔顿一直拒绝人们对实情的不同看法，他也许会对探险失去信心（这幸亏没有发生）。

对领导者的启示

《财富》杂志中一篇名为“拒绝接受现实的首席执行官”（*CEOS in Denial*）的文章做出了这种不详的解释：

> 首席执行官的天性中有某些东西，如傲慢、虚荣、原始的控制欲、对成功的痴迷、老派的理想主义等，当世人反对他们时，这些东西会使得机智、有威望的高管成为白痴。他们为自己辩解，为自己证明，他们严阵以待，构筑掩护体，安抚部下。他们声称自己是“处境”的“受害者”。在高管们的艰难时期，拒绝接受现实比以往任何时候都更常见。

乐观是一项重要的领导者品质，但拒绝接受现实则是致命的。哈佛商学院教授理查德·S·特德洛在他的著作《拒绝：为什么商业领导者不能面对现实及如何应对》（*Denial: Why Business Leaders Fail to Look Facts in the Face—and What to Do About It*）中探讨了过度乐观的问题。

他提出，首席执行官现在比以往任何时候都更需要现实的观点：“与以往不同的是，我们如今生活的世界不那么宽容，如今拒绝接受现实的代价变得如此之高。”因为拒绝现实的风险很高，所以领导者必须平衡乐观和现实。

逆境中的领导者考虑此悖论的一种方式是雅努斯式（Janusian）的思考。雅努斯是古罗马的门神，他能同时看到两个方向。困境中进行有效领导意味着既能看到乐观的一面，也能应对严峻的现实。

人们常常很难做到两面兼顾。压力重重的境况下，没有人想要听坏消息。电影大亨萨缪尔·格德温曾经说过：“我不希望周围人都只会说是。我想让他们告诉我实话，即使付出丢掉工作的代价。”领导者经常表达类似的想法。

拒绝听取不同意见可能会造成灾难性后果。罗伯特·哈斯和由他的家族掌控的李维斯公司的故事是一个引人注目的例子。在组织重组之后，哈斯只对 3 个人负责，他的叔叔和两个兄弟。哈斯投入时间和精力，致力于打造一个具有社会意识和价值追求的组织。这一目标令人钦佩，但商业结果并不如人意。尽管该组织旨在营造一个开明的生机勃勃的工作场所，但产品创新滞后、成本飙升、内部争斗激烈、客户服务下降，而且市场被竞争对手蚕食。在 3 年里，李维斯的市场份额缩水到 60 亿美元。

像李维斯这样的美国著名品牌怎么会发生这样的事情？看起来仅仅是因为哈斯忽略了现实情况。《财富》杂志的一篇文章认为："李维斯进行了一个失败的乌托邦式的管理尝试。此故事表明，当一位具有良好意愿但误入歧途的经理经营一家私人公司，而他不需要向他人负责时，这时会发生怎样的情况。"由于免于问责，哈斯不再专注于取得商业成功所需的商业经营。

幸运的是，李维斯近几年已成功重塑自身并夺回市场份额。通过直面现实和运用诸如迎合更多成熟的顾客、招聘有才干的高管，以及积极开设新店的策略，该公司从疲软中恢复过来。

领导启示显而易见：要抵制排斥反面意见的诱惑，要保持直面现实。找到跟你说实话的人，并对他们的直言不讳进行奖励。

探险日志

1. 面临逆境或潜在障碍时，你的典型反应是怎样的？你会对自己说什么？你的内心对白是什么？

2. 是否能改变你的“自我对话”，以形成更乐观的看法，并让自己更迅速地恢复信心？

3. 考虑你正面临的商业挑战。为了给团队或组织灌输乐观精神，你在做些什么？你所使用的语言是否传达出自信和希望？你能否用令人信服的方式重新定义挑战？

4. 考虑你经历的最困难的个人或团队任务。你的乐观商数足以确保成功完成任务吗？

5. 你有哪些面对现实和全面看待事物的方法？给你透露负面消息时人们感到自在吗？你何以得知？

第4章

保重自己

策略四:

保重自己——保持精力，不要自责。

已经80小时没合眼了……连续驾船9小时，又为其他船只领航，我发现要保持清醒几乎不可能。格林史屈是位好海员，他不时劝我交出舵柄，小憩一下。但是，我太想驶向那座岛，不该我掌舵时仍在坚持。结果，我不时地会打瞌睡，“码头工人号”偏离了航线。由于疲惫不堪和缺乏睡眠，每个人都有点迷糊了。

——弗兰克·沃斯利

敢于在绝境中进行领导的人常常天生精力充沛，劲头十足。同时，追求崇高目标对人的生理和心理储备的要求很高。在极端生存条件下这些要求极为平常，但对于任何棘手的组织挑战而言，这些要求却不同寻常。在保重自己和不惜任何代价完成使命之间存在一种内在冲突。

有些人对此类冲突有意视而不见。最近我听到一位高管说：“领导者需要百分之百地投入，否则就不要做领导者——尽管这意味着要牺牲健康。这就是领导者的含义。”我对此不敢苟同。

当然，这种冲突确实存在，我们得承认。例如，领导策略二强调以身作则的重要性。有时以身作则意味着做出个人牺牲。在去大象岛的途中，沙克尔顿将自己的手套给了赫尔利，结果他自己一个手指冻伤了。自我牺牲可能会付出生理或心理的代价，但是得承认这种牺牲是值得的。

可能有时你愿意做出自我牺牲，但要谨慎。作为领导者，你是探险的基石。如果没能保持自己的精力，你就不能激发队员抵达南极所需的干劲。此外，保重自己非常必要的原因还在于队里其他人会效仿你。若想其他人拥有工作所需的能量储备，你需要通过个人范例来强调保持精力的重要性。

本章探讨保重自己和保重团队的高度重要性，因为只有这样，你才有精力实现目标。本章讨论绝境中的领导者经常会经历的责任压力，并提出一些方法，帮人们应对因判断失误和差错而导致的内疚感。

保重自己和队员

南极探险要求人们能经受住几乎如影随形的生理和情感挑战：极度寒冷的温度、匮乏的阳光、饥饿、令人痛苦的雪盲、与社会的隔绝，以及包括冻伤在内的生理困难。沙克尔顿渴望探索地球边界，为此他会把自己推向生理和心理极限。

令人惊奇的是，沙克尔顿并非天生具有强壮的体魄。孩提时，他一直梦想成为水手，16 岁时他说服了父母让他加入商船队。第一次航行时，沙克尔顿患上了所谓的“毛里求斯高烧”。传记作者罗兰·哈特福特怀疑，这种在医疗诊断史上未提及的病就是疟疾，甚至可能就是会对年轻探险队员心脏造成无法医治的伤害的风湿热。

可能因为健康问题，在加入“发现号”探险队之前，沙克尔顿有意避开体检。那时，他、罗伯特·斯科特和爱德华·威尔逊试图于 1902 年抵达南极。这是一段痛苦的旅程。在极其寒冷的南极洲待了 94 天之后，28 岁的沙克尔顿濒临死亡。他神志昏迷、呼吸困难且寸步难行。但还是有幸成功地及时回到了“发现号”，有了住处、食物并得到船上医生的照料。沙克尔顿被诊断患有一种严重的坏血病，另外他还可能患有肺炎。

斯科特决定把沙克尔顿早点送回家休养，这对沙克尔顿是致命打击。对沙克尔顿而言，此事似乎向他强调，看到医生要避而远之。后来他想出一套方法，以躲避加入探险队所必需的身体检查。哈特福特这样写道：

> 然而，到底是什么疾病困扰着沙克尔顿，这仍是个谜。但是沙克尔顿讳疾忌医。可能他对自己患有某种疾病心生恐惧。如果没有其他原因，那也许是因为爱德华时代人们对男子气概非常崇拜，认为生病是可耻的。无论如何，健康问题一直是他的核心秘密之一，他从来不和别人分享。

尽管有生理上的限制，但沙克尔顿从不抱怨探险过程中自己身体上的难处，不向他人抱怨，也不在个人日记里吐露。他对身体的不适和疼痛不当回事，总以坚强的毅力撑下去。他似乎以这种方法来应对身体的强烈不适和偶尔剧痛。

沙克尔顿不把自己当回事，却极其重视探险队员的生理和心理需要，这似乎有点令人费解。他一直密切关注探险队员的状况。例如，他意识到，要将所有人从撞坏的“坚韧号”转移到浮冰上，要付出许多心力。他仔细观察看是否有什么问题，并写道：“我对探险队员做了最后的巡视，注意他们的精神面貌和身体状况，因为我们在浮冰上的露营情况并不乐观。”

沙克尔顿另一个为人称道的地方是，如果天气状况令人夜间难以入睡，他会让探险队员早上睡个懒觉。如果阳光明媚，天气温暖，探险队员就可以安全地待在户外。这时，沙克尔顿会命令他们把睡袋及其他装备挂出去晾晒，以便用起来更舒适。在队员过度劳作前后，他都会鼓励大家吃饱。他这样写下下面一段话：

> 尽管一直知道严格节约食物储备很有必要，但我知道，让大家保持心情愉快更重要。我也知道，周围环境和不可预知的处境会导致绝望情绪，而增加食物供给可以缓解这种情绪。

他一如既往地密切关注他人健康。沃斯利回忆了他们在前往南乔治亚岛的最后 800 英里航行中，沙克尔顿是如何领导这次探险历程的最后一段的。沃斯利写了下面一段话：

> 回顾这次伟大的航行，有一点确定无疑——倘若没有沙克尔顿，一些船员会死于长期的体力透支。他无微不至地照顾他人，在粗人眼中，有时他近乎小题大做。如果有人比平常哆嗦得厉害了点，沙克尔顿就会把手伸进暖和的备用衣物包里找一双最干燥的袜子给他。

沙克尔顿同样一如既往地将他人的健康看得比自己的更重要。他会无私地主动提出额外加班站岗和掌舵——总时间常常超出他人 3 倍多。

他有自制力，不自怨自艾，能照顾他人，这些品质都令人钦佩。然而，毋庸置疑，他对自身健康却过于疏忽，这导致了他英年早逝。在最后一次探险中，当探险队尝试着环绕南极洲航行时，他突发严重的心脏病。他叫来外科医生麦卡林，麦卡林这是第二次和沙克尔顿参加探险。但是沙克尔顿拒绝检查身体，还违背医嘱，在一场暴雪中连续值守了 4 夜。

数天后，探险队抵达大概 8 年前“坚韧号”停靠的那个捕鲸站，这时沙克尔顿第二次突发心脏病。这位坚韧不拔的领导者对他人悉心照顾，自己却走了。此时，离他 48 岁生日仅差一个多月。

对领导者的启示

相当多的证据显示，卓越的领导者精力旺盛、体力充沛，并能应对压力。这一结论很有道理，因为领导者，尤其是绝境领导者，通常意味着长期奋战，在情况不明朗的情况下进行决策，并应对艰难困苦。有时我们会认为卓越领导者像超人，他们拥有健康体魄和无限精力。

人们通常认为，领导者都非常健康。然而，沙克尔顿的例子表明这显然是个误解。沙克尔顿身体并不好，尽管如此，他还是鼓足勇气竭尽全力克服生理极限。

遗憾的是，沙克尔顿对队员悉心照顾，却未得到他们任何照顾。当然，如果有人出现疾病的征兆，那么领导应有责任确保此人得到足够治疗。沙克尔顿否认自己有健康问题，而且感到自己不可战胜，这二者使他能长期进行极地探险。这种行为并非仅为南极探险家所独有。

许多年前，在德州仪器公司的 CEO 猝死之后，我曾与一位高管交谈。杰里·琼金斯是公司主席、首席执行官兼总裁，在一次去德国出差途中意外身亡。这位高管描述了此事对整个公司的冲击。

讣告称，琼金斯是位悠闲的领导者，不是工作狂，也没有心脏病史。但是，德州仪器公司文化注重褒奖那些不辞辛劳、超时工作、具有男子气概的员工。领导者的去世促使公司许多人开始重新审视自己的价值观，思考自己能承受的压力极限。此事使人们认真审视对领导者寄予的期望，也提升了整个工作场所的健康水平。

虽然琼金斯的死亡属于极端案例，但从其他实例中我也观察到，领导者如果太拼命，反而会失去效力。在一个案例中，新上任的首席执行官觉得自己有必要立即在新岗位上“大展拳脚”。这意味着他要超时工作，睡眠相对减少。遗憾的是，这也意味着开会时他累得骨头都散了架。

别人做演示时他开始打盹，这样问题就出现了：很多次，演示者准备了数周，一直期待聚光灯下的那一刻，结果，领导者却在他们演示过程中打盹，这难免让人心灰意冷。令人欣慰的是，这位首席执行官在接受指导时听取了我的反馈意见，改变了自己的行为。就这样，问题轻易得到了解决。他不再尝试力不能及的事，领导也变得更有效。

进行有效领导并不局限于管理自己的健康状态，许多公司也开始意识到员工健康的重要性。最近一项调查显示，受访企业中有 73%声称拥有改善健康行为的方案。鼓励健康的生活方式具有经济意义：由于过去 10 年内美国员工的保险费翻了一番，所以明智的组织重在预防可避免的健康问题。

在采取措施增进员工健康方面，Pitney Bowes 公司走在前列。公司并不惩罚不健康行为，而是对员工积极的健康做法予以褒奖。Pitney Bowes 的健康方案帮助员工减肥、戒烟。员工可以省下医治慢性疾病的医药费，最终为公司节省 8%的治疗糖尿病和 15%的治疗哮喘病的医疗费。这些做法，再加上公司全球总部的药房里的药物供给、快餐厅里可供选择的健康食品，以及健身中心和医疗诊所，帮助公司员工增强体力、提高绩效水平。

道理很清楚：面对困境领导者要关心他人，关注员工健康，还要注意自身健康，并认识到，即使精力极充沛的人也有极限。

有个航海用语可以描述这种困境："一手在人，一手在船。"换言之，努力完成工作，但要确保空出一只手保护自己以免落水。

提防"顶峰热"

精明强干的人为何会完全忽视体能极限呢？其中一个原因就是所谓的"顶峰热"，一种登山时人们会出现的心理现象。登山者非常专注于达到顶峰，结果把其他一切都抛到脑后。

乔恩·克拉考尔在《进入空气稀薄地带》（*Into Thin Air*）一书中讲述的 1996 年珠峰探险正是这样一个例子。20 名登山者一路艰难跋涉，向顶峰进发，但其中 5 人丢了性命，一人幸存却严重冻伤，不得不切除右前臂、鼻子和大部分左手。

虽然克拉考尔的一些叙述内容存在争议，但还是得出了一个结论：虽然凶猛的暴风雪是造成这场灾难的直接原因，但是如果将 5 位登山者之死归咎于恶劣天气的话，未免牵强。根本原因很复杂，但显然，在坚持不懈朝顶峰挺进的过程中，无论是领导者还是队员都完全忽视了其生理和心理极限。

斯科特·费舍尔虽然是世界级的登山者，却死在了登山途中。他拥有传奇般的力量和精力。1994 年，在没带氧气的情况下他登上了 29 028 英尺的高峰。但在 1996 年的那次登山途中，费舍尔支撑不住了。克拉考尔写了下面的话。

> “那天晚上，”跟他睡在同一个帐篷的队友夏洛特·福克斯回忆说，“我不能断定斯科特是否病了。之前他使每个人精神振奋，就像重大比赛前足球教练那样。”事实上，因前几周生理和心理承受重重压力，费舍尔已经筋疲力尽。尽管拥有超凡的精力储备，到达第四营地时，他的精力几乎耗尽。

费舍尔身强力壮，但并非不可战胜。尽管他掩饰住内心的波澜，但是，登顶的压力和焦虑，再加上身体疲惫，所有这些酿成了惨痛结果。

忽视一切，眼中只剩目标，此现象并非只在登山者中才出现。人们都知道，飞行员执行轰炸任务时会向地面俯冲，试图找到轰炸目标。尽管“锁定的目标”不同，但现象是一样的。太痴迷于目标，而把其他一切都抛到脑后，这是人类自然趋向。但在生死边缘，这种痴迷可能意味着死亡。

对领导者的启示

工作时，为了满足期限要求、完成项目，或实现业务目标，人们会情绪高涨，这情形可能与登山者和飞行员的情况惊人地相似，同样危险。领导者需要意识到这种威胁，并确立保障措施，以确保他们考虑周全，知道什么时候该扎营停留，什么时候该改变策略，并懂得极限所在。

例如，项目或任务过程中可以定期开会，以检查团队成员的身心健康情况。领导者可以帮助团队成员确保得到定期休息，即使一天只有 15 分钟也好。这样可使人自我调整、放松，并重新评估工作情况。领导者也可以凭直觉知道，员工是否在朝既定目标努力，并对“完全偏离目标”的情况进行干预。

例如，在短期内要重新设计一款流行的越野车（SUV）时，人们压力非常大。眼看着截止日期就要来临，而设计小组还没交出一份看上去不错的概念蓝本。当任总裁本可以催个不停，火上浇油。但他另辟蹊径，选择停工，把所有人带去看电影，上至设计师，下至秘书。

此举不仅增强了团队成员的健康，而且带来了直接的商业效益。电影票和长长的午休这些简单的投入物有所值。很快，创意灵感开始萌发，项目回到了正轨。正如总裁所说："我们开了个小差……50 人去看了场电影，吃了爆米花，而且午餐多用了 50 分钟。但这些带来的是大量国际产品的设计创意，而这些创意所代表的是数以百万计的产品开发投资额。"

找到情感的排解出口

在维持探险队的士气和心理健康方面，沙克尔顿的能力惊人。然而，多数探险队员并不知道，在排解他人的焦虑时沙克尔顿也在应对自己的恐惧感。

他有很多方法应对这些具有潜在毁灭性的内在情绪。一种方法是，他会和弗兰克·瓦尔德聊天。弗兰克·瓦尔德是他完全信任的伙伴，他只对弗兰克·瓦尔德推心置腹。

他还和船长沃斯利分享个人感受。在乘坐无遮蔽的救生船航行期间，他一度筋疲力尽，又非常担心队员的安全，所以变得非常气馁、焦虑，近乎崩溃。有一天他罕见地对船长说："船长，我以后再也不出征探险了。"

沙克尔顿还记个人日志，其中写下了不能与他人分享的疑虑。例如，这些记录透露了"坚韧号"的终结对他的影响。船被浮冰毁了后，他这样写道：

> “坚韧号”搁浅了，我很难用语言表达自己的感受。对水手而言，船不仅仅是一个漂流的家，“坚韧号”是我的抱负、希冀和渴望所在。现在，她在扭曲、呻吟，船身在分裂，裂口在扩大。在其职业生涯的一开始，“坚韧号”就慢慢放弃了她感性的生命。

虽然这段经历一定很痛苦，但写下自己的感受后，沙克尔顿的绝望情绪得到了缓解。

最后，他给家人写信。在试图营救留在大象岛上的队员的行动第三次失败后，沙克尔顿心烦意乱，悲伤溢于言表。沃斯利观察后说：“他太痛苦了，与前两次不一样，这次行动失败后，他甚至都不提大象岛上的人。”身处绝望深渊的他找到了排解的出口：写信给女儿塞西莉。

> 我非常担心队员们，因为他们几乎没什么可吃的了。我们的淡水很短缺，从离开南美洲之后就再没洗过澡。但这并不算什么，因为我从去年 10 月到今年 5 月 25 日就没洗过……我有好多故事要讲给你听，等我回去后，但我不会写下来，因为我就是讨厌写信，但是我想让你收到这封信，知道我在想你，宝贝女儿。

就这样，尽管无法公开与他人分享自己的忧虑，但他会写信给女儿，抒发自己的感受。

对领导者的启示

领导者不需要完全坚忍不拔、孤军作战。他们可以，也应该争取周围人的支持和指导，以便采取正确的行动步骤。

沙克尔顿应对自己内心恐惧的方法，为领导者排忧解难提供了参考建议：

- 和朋友聊天。找一位像瓦尔德或沃斯利这样的人，即你完全信任的人。他要能理解你面临的挑战，并能为你提供帮助。
- 写日记。在日记里，沙克尔顿写了很多个人疑虑。记录下自己的情感，这样简单的行为能缓解压力。
- 写家信。与你关爱的人沟通，尽管他们可能不会完全理解你的处境。虽然根本无法将信寄出，沙克尔顿还是写了。当然，现在类似电子邮件和语音邮件之类的高科技可供我们使用，但在早期的南极探险时这些是没有的。关键是，你得找到缓解领导者压力的有效渠道。
- 向咨询师或教练求助。与专业人士定期见面颇有意义。它不仅是领导者抒发情感的平台，还能从中对面临的挑战获得一个独立视角。“高处不胜寒”可能早已是陈词滥调了，但确实言之有理，这句话尤其适合高层领导者，这些领导者周围常常有人伴其左右，但无论多么彬彬有礼，这些人常常有自己的日程安排，而且他们常常发现自己身处不能自然流露情感的场合。对于这些领导者而言，向圈子之外的顾问咨询不失为一个绝佳选择。

摆脱内疚并吸取教训

处于生死边缘的人常会遇到一刹那就要做决定的情形，这一刹那的决定可能会带来灾难性后果。下面就是一例，当乔·辛普森和登山同伴西蒙·叶慈登上安第斯山脉 21 000 英尺的高峰时，就出现了这样的情形。辛普森试图攀爬一个结冰的山壁，却不幸跌落到下面的山坡。他先撞到了绝壁的底部，双膝无法动弹，他感到骨头在断裂，后又反弹，随后尖叫着头朝下、朝外滑下了山坡。

叶慈设法阻止了辛普森的滑落，辛普森停止滑落。准确地说，在滑落过程中辛普森的右膝伤了，骨头碎裂无法修复，但还勉强活着。

之后几小时，叶慈试图将辛普森带到山下安全区域。每个动作都痛苦不堪。看起来他们能成功完成这样痛苦的过程，直到辛普森意外地一滑，悬到空中，飘落的雪花洒向无助地在空中旋转的身体上。

在上面，叶慈紧靠在悬崖边，和辛普森一样僵在那儿，一动不动。他有两个选择：他可以一直坚持下去，逐渐失去意识，然后被拽入山底。这样的话，两人都必死无疑。或者他可以割断绳子。

叶慈最终切断了绳子，但是他愧疚不已：

> 下落到绳子一半的地方时，我低头看了看，看到了下面的冰缝。我系上了索绳扣，突然停止了下落。看着悬崖深处无尽的黑暗，我惊恐地打了个寒战。辛普森无疑已跌入这缝隙。我感到毛骨悚然。想到自己可能会掉进下面可怕的黑暗世界，我不由自主地抓紧绳索。闭上眼睛，我将额头抵在绷紧的绳索上。很长一段时间，因内心充满内疚和恐惧，我感到特别难受。就好像我在那一刻割断了绳子。我还不如拿把枪，一枪结束他的生命。
>
> 如果当时没割断绳子，我肯定会死去。然而，我救了自己，现在我要回去，向人们讲述一个几乎没人会相信的故事。没有人割断绳子！

叶慈最终摆脱了悔恨。在确定辛普森已不在人世后，他回到了他们的营地。

辛普森跌落到裂隙的 100 英尺处，伤得很重。在竭尽全力 4 次尝试逃离此地后，他才放弃了攀爬出来的希望。在黑暗中被困 7 小时后，辛普森顺着绳索下到裂隙的底部。然后，射入的一缕阳光鼓舞了他，他的想法发生了转变。

> 数秒之后，我的看法都发生了变化。我可以积极努力。我可以攀爬，可以一直这样做，直到逃离坟墓般的裂隙。此前，除了躺在那儿尽量不让自己感到害怕和孤独外，我无事可做。无助感是我最大的敌人。现在，我心里有了打算。内心的变化令人震惊。我感到精神振奋，充满活力，并且变得乐观。我能预见未来可能会发生的危险，那些会使希望破灭的非常现实的危险，但我莫名地知道自己可以克服这些危险。

因为这种自信，辛普森才得以克服腿部骨折的疼痛，继续往下走。他用冰镐切断黄色泡沫睡袋，用它和防滑钉鞋及帆布包上的带子做了一个粗糙的藤条。接着，他俯下身去，把短冰镐作为拐杖使用。他想出一套行走的方法：把冰镐放好，抬一条脚向前，撑住、跳、放冰镐、抬脚撑跳，放—抬—撑—跳。

辛普森知道时间紧迫。因为叶慈会认为，辛普森已在跌落中丧命，所以叶慈很快会拔营。如果叶慈离开，辛普森将必死无疑。意识到这一点后，辛普森先是跳着后来是匍匐前进，到最后，他沿着山坡倒着身子下行。

3 天后，乔・辛普森爬到营地，叶慈正准备开拔。辛普森跛着腿、饥肠辘辘又遭受冻伤，但还活着。如果当时叶慈没有割断绳子，又或者因为内疚他失去求生意志，这两名登山者几乎肯定会死在山上。

对领导者的启示

极地探险过程中，很多时候要求领导者做出艰难决定。其中一些可能是错误决定，或者判断失误，而这些都可能会引起自责。

虽然有些错误应该避免，但是领导者如果纠结于这些错误的话，只会使问题变得复杂。内疚感会分散注意力，使人无法应对未来的挑战。领导者不应该纠结于过去，而应该找出生死攸关的关键问题，并想出解决方法。

在《名誉规则》(*Reputation Rules*)一书中，丹尼尔·迪尔梅尔讲述了一家豪华汽车制造商如何从引起公众注目的公关惨败中华丽转身的情况。公司投资了一项广告活动，宣传一款专为年轻女性及其家人设计的车，有记者却说这款车在安全测试中翻车了。公司领导者对此事处理得很糟糕，他们未及时让消费者和媒体相信公司致力于确保这款车的安全性，相反，他们一开始不做任何评论，后来却指责碰撞测试存在错误。尽管安全测试确实存在缺陷，但公司对其营销的携带儿童轿车的冷淡反应让公众很反感。公司股价大跌时，公司还遭到了媒体的强烈谴责。

公司领导者最后承认了错误，并制定了积极策略，以重获公众信任。汽车制造商不再指责安全测试不完美，而是召回车辆，并使用相关技术修复存在的问题。为了在媒体中重建信誉，该公司邀请了记者参与新款车的严格测试。此外，公司还携手一名著名运动员推出一个广告，广告中运动员描述了自己从错误中吸取教训的情况。这些策略很有效，这款车最终在全美国销量排名第一。

正如丹尼尔·迪尔梅尔所说，在纠正公司在公关方面出现的问题时，如果处理得当，实际上可以提高公司地位。决断、出错，将探险向前推进。

探险日志

1. 回顾自己的身体健康状况。你是否像照顾手下人一样照顾自己？作为领导者，你还能做些什么让自己一直精力充沛？

2. 想出一个自己目前面临的挑战、变化或“顶峰”。你可以具体做些什么来保持清醒，避免“顶峰热”？

3. 评估一下自己的情感健康状况和抗压能力。若需要时，你会向谁排解自己的情感？确定一下谁、什么过程、什么活动能缓解你的压力，并能让你重新焕发活力。

4. 回想一下自己犯重大错误或面对失望的情形。是否内疚感分散了你的注意力？如果是，你做了哪些改变使自己摆脱内疚？你是否需要改变自己对错误的一贯反应方式，尤其是对于那些会成为“巨大学习机会”的错误？

第 5 章

强化团队观念

策略五：

不断强化团队观念："我们是命运共同体，我们生死与共。"

沙克尔顿一直反对探险队分头行动。他很理性，拒绝动此念头，尽管单独探索的诱惑几乎无法抵挡。

——弗兰克·沃斯利

在当今高绩效组织中，团队协作已成为现代的战斗口号。有时，此词出现得太过频繁，俨然成为公司时髦语。无论工作是否需要人们通力合作，领导者都会激发人们的团队协作精神。或者，正如很多学术机构那样，人们倡导团队协作，但褒奖个人成就。

团队协作为何如此受欢迎？虽然"团队协作"概念可能风行一时，但事实上，多数组织面临的挑战只能靠同心协力才能解决。《财富》杂志列出的世界最受赞赏公司的“全明星”名录表明，团队协作一直都是公司文化的重要组成部分，这毫不奇怪。无论是在野外、教室，还是在公司，想不断取得成功，就需要凝聚人心。本章探讨一些策略，以创建坚实的团队，并强调团结一致的观念。

确立共同身份

欧内斯特·沙克尔顿确定无疑的是，探险队的生存依赖非凡的团队协作。在横穿南极探险队面临的情形下，探险队内小小的分裂就意味着内耗和浪费。这种不和谐很可能意味着生死存亡。

沙克尔顿做每件事都强调团队协作，但奇怪的是，在讲述南极探险故事的《南方》(*South*) 一书中他并未明确提及此问题。可能是因为他非常清楚建立坚实的团队很重要，所以无须特别指出。早先和斯科特一起探索时，探险队员的人际关系紧张，摩擦不断，沙克尔顿已经认识到队伍分裂的潜在危险。或者，还有可能是因为他本能地清楚坚实团队的重要性，而且他有一套将团结一致的观念灌输给他人的诀窍。

从一开始，他就很看重人们的协作能力。雷金纳德·詹姆斯的例子就说明了这一点，雷金纳德后来成了探险队的物理学家。当时面试时，沙克尔顿问这位很有远见的科学家会不会唱歌。显然沙克尔顿并非要考察其嗓音能力。之所以问詹姆斯能否“和男孩子喊上几声”，沙克尔顿无疑是想看看，在困难的条件下詹姆斯能否与他人近距离地一起生活和工作。

除了一些明显的例外情况，沙克尔顿基本成功地筛选出具备协作能力的一队人马。尽管趣味相投的人会自发地团结一致，但显然他选出的人并非属于同一类。队员性格多样：有的开朗合群，有的内敛稳重。他们当中有物理学家、科学家、水手、持久艺术家。沙克尔顿并未指望这些人会自然而然地协同一致。

沙克尔顿所做的几乎所有事情都是为了促进团队的合作。例如，在“坚韧号”沉没之前，每天晚饭后，沙克尔顿会召集所有人到他房间。聚会起到了促进队员自发进行讨论的作用，也有助于社交纽带的确立，这些纽带在后来的征途中显得尤为重要。

随着时间的推移，沙克尔顿提议所有人郑重其事地理一次发，而且主动要求第一个理发。沃斯利这样描述了当时的情景：

> 雷金森幸灾乐祸地拿起剪刀开始理发，最后，沙克尔顿的所有头发剪得比鬓毛都短。理完发的沙克尔顿看起来就像一位罗马皇帝。后来，当沙克尔顿成了理发员后，我们才都一一理了发。理完发我们看起来就像一群罪犯。喧闹的理发结束后，大家拍了一张正式的集体合影，以“留住今晚的记忆，并在必要时提醒我们改掉狂妄自负的毛病”。

尽管此事有点滑稽，但其意义超出了娱乐范畴。仪式和理发本身也向探险队员生动地说明，他们拥有共同身份。

随着探险的推进，这种共同身份感与日俱增。后来在雪橇之行中，所有队员轮流拖拽雪橇，以确保浮冰裂开时，大家都在一起，无人掉队。探险队再次露营时，所有帐篷都搭在一起。再后来，在驾驶无遮蔽的救生艇驶向大象岛的途中，3 艘船一直保持联系。

因为一直主张团队的一体性，所以探险接近尾声时，尽管沙克尔顿被迫将探险队一分为二，自己带领部分队员乘船驶向南乔治亚岛，但团队的凝聚力依然如旧。“留守人员”不用担心会被同伴抛弃，因为他们是一体的。

南极探险的情节与乔·科莱考尔描述的珠峰探险的情况形成鲜明对照。1996 年 5 月 9 日，数十名登山者扎营在一起，准备冲刺登顶。从装备水平看，珠峰探险队比沙克尔顿的南极探险队要好得多。他们无须睡在驯鹿皮做的睡袋里或住在亚麻布做的帐篷中，他们使用的是防裂尼龙材料，并拥有最精致的御寒服装。

多亏一位西藏当地人付出繁重体力，纽约社交名媛桑迪·皮特曼得以配备一个重达 30 磅的卫星电话，她可以用它在海拔 26 000 英尺的高度进行网上文件传输。他们拥有金钱所能买到的一切，但缺少一样金钱买不到的东西——团队协作。

科莱考尔描述了当时的情景：

> 当晚，50 多人在科伦坡露营。虽然在并排搭着的帐篷里大家挤在一起，但空气中散发出奇怪的隔离感。狂风呼啸，人们几乎不可能隔着帐篷沟通。在此荒凉之地，我感到与周围人失去了联系，无论是情感的、精神的，还是身体的联系。此经历于我而言前所未有。我悲伤地意识到，这个团队名存实亡。虽然几小时后，我们将以团队形式一起离开营地，但是，我们都各自登顶，相互之间无任何联系，没有绳索，也没有任何深深的忠诚感将我们拴在一起。每个人都只顾自己，我也不例外。

换做另一种情况，这种分裂、隔离及不团结可能不会致命。但是，如果再遇上诸如不期而至的暴风雨、精疲力竭的向导，以及在缺氧的“死亡地带”认知能力减退这些情况，生命就危在旦夕。

登山者遇到了一些人，他们躺在雪地里，生命垂危。然而，登山者并未给他们提供食物、水或氧气。他们从其他登山者旁边经过时一言不发。其中一位登山员后来解释道：“我们太累了，爱莫能助。在海拔 8 000 多米的地方，道德是我们消受不起的奢饰品。”

对领导者的启示

我见识过一些类似珠峰探险队的组织。例如，有一家叫“木料场”的全球金融机构，为了努力进入美国市场，公司雇用了很多投资银行家，与其签订合同的金额是按照木材的立体算法广计算的，如二乘四、三乘十。用经济措辞来说就是每年付酬金 200 万美元，为期 4 年，如果是 10 年的话，每年付酬金 300 万美元，依此类推。

这种薪酬奖励营造了一种个人主义文化，此文化几乎不存在对机构的忠诚。问题是，组织要想获得商业成功，则需要“在盒子之间”赚钱，也就是说，机构的不同部门之间要相互配合。这要求投资银行家、商业银行家、机构银行家及组织上下的其他人能够相互协作。如果没有共同身份，或者没有共同的忠诚，通常人们就不会进行团队协作。

要在极端条件下获得成功，人们就要改变观念。有很多方法可以培养共同身份感，例如，可以有效利用价值观陈述来构建共同的文化和身份。此方法的效果不能立竿见影，有的公司的价值观陈述不过是肤浅的表面文章，只是做些漂亮的装饰，再无其他。例如，在向一个公司提供咨询时，该公司一度要我来构思和起草公司价值观，因为高层管理团队很忙，无暇顾及此事。有位高管说：“你是专家，你就辛苦一下吧。”看到他们对此都缺乏参与热情，我谢绝了。

然而，我也见过其他一些组织，他们认真界定组织价值观，而且也产生了很大影响。强生公司曾邀请我帮助展开一项调查，衡量企业信条在全公司范围内的实践成效。

我采访了公司的一些员工，发现他们不仅了解公司信条，而且用此信条来指导商业决策。例如，泰诺危机期间公司信条成为人们行动的指南。此信条是公司文化的基石，它帮助公司所有成员界定其共同身份。

维系沟通纽带

建立共同身份只是创建团结一致的团队的重要的第一步。要加强团队观念，任重而道远。为了使人们保持关联感，领导者要尽一切可能培育沟通纽带。

1990 年 1 月 25 日，Avianca 航空公司 52 次航班的波音 707 飞机载有 159 名乘客。由于燃油耗尽，飞机在长岛的考夫那克一个树木密集的山丘坠毁。飞机被撞瞬间断成两部分，飞机前部落在一对老年夫妇房子的露台上，老年夫妇吓得惊恐不已。

那一幕可怕极了。碎片和残骸四处散落，氧气面罩悬挂在树上，空气中充斥着尖叫声，孩子们在哭泣，几乎没什么光线可以帮助救援人员进行施救。

幸存者与 73 位罹难者混在一起，孩子们找不到父母，很多乘客只会说西班牙语。情况极有可能变得混乱不堪。警察、消防员、医生、护理人员及当地志愿者不顾飞机会爆炸的危险，大家同心协力营救飞机残骸中的乘客。琼·伊姆霍夫是救援工作中的重要人物，她生动描述了当时的情景：

> 重点是救人。普通人在做一些他们以前未曾做过的事。在噩梦般的环境中，他们与外科医生并肩作战，用止血带止血，并尽

其所能安抚幸存者。语言已不足以表达当时的情形。人们排除一切杂念，专心救人。

救援工作在刻不容缓地进行着。工作人员花数小时将一些人从飞机里拉出来，把罹难者和幸存者分开，并竭力让受惊吓的孩子与父母团聚。救援人员的团队协作堪称非凡，但救援工作非常消耗体力，对情感也是一种折磨。在努力挽救生命时，琼被救援者的交流互动方式所打动：

> 人们经过彼此时会短暂地握一下手，或者会互相对视，简单寒暄两句，然后继续救人。有时他们会互相拥抱或点头，然后继续包扎伤口，或将尸体移到临时搭建的停尸间。人们需要短暂却意味深长的交流，以便继续坚持干下去。这种互动交流能提振我们的精神。

后来，她在医院遇到一位外科医生，两人谈起那晚所发生的事。他们站在医院走廊上谈到救援的事，谈论多少人获救，感叹着那是怎样一种经历。热烈的交谈结束时，她才意识到他们俩一直在医院走廊中间聊着，压根没意识到周围来来往往的人群。谈话过程中他们的眼睛一直看着对方，一直手握手。

在成功挽救生命的过程中，无论是拥抱、寒暄，还是简单的眼神对视，这种自发的交流就像人体的结缔组织一样将救援团队紧紧连在一起。这是一次非凡的救援行动，此行动获得成功的部分原因是，每个人都能与团队中其他人保持联系。

救援队成员能够看到彼此，相互交谈，甚至互相拥抱。即使正常的接触或面对面接触不可能时，沟通纽带仍可以使团队做到团结一致。

关在北越的河内希尔顿监狱的美国战俘与外界隔离，他们每个人都被单独囚禁，饱受折磨。北越试图一步一步地瓦解战俘群体。但是，通过一种被称为“敲击代码”的第二语言，战俘们一直团结一心。他们通过敲打牢房之间厚厚的墙壁进行沟通交流，交流方式是分五行和五列的英文字母表矩阵，如图 5-1 所示。

A	B	C	D	E
F	G	H	I	J
L	M	N	O	P
Q	R	S	T	U
V	W	X	Y	Z

图 5-1　敲击代码

位于第一行第一列的字母 A 的代码是“咚，咚”；位于第一行第二列的字母 B 的代码是“咚，（停顿），咚，咚”。每个字母都有其独特的代码。字母 K 被省略。

无论白天和黑夜，监狱中的敲击声一直不断。一位战俘说：“每个人都在敲击，整栋建筑听起来就像一个住着一群失控的啄木鸟的鸟巢。”如果要给另一战俘发信号，一个战俘会敲出所有美国战俘都熟悉的“刮脸和理发”的字母代码，并等待回应：“两角五分。”北越南人试图拦截消息，但因为不熟悉节奏，他们敲出的回应代码都是错的，而且弄不清楚错在哪里。

战俘们在囚禁期间敲出的字数总和相当于数本《战争与和平》的字数总和。他们的速度逐渐加快，每分钟能敲出五六个单词。他们还足智多谋，找到各种不同方法来使用“敲击代码”。用扫帚扫地时、用铲子劳作时，透过牢房洞口用平底锅闪来闪去也是一种使用方法。他们的咳嗽、吸气、吐痰和喷嚏中也包含代码。由于他们经常患感冒，所以无人在意这种交流方式。

当然，代码是用于传递信息的，但其意义远不止于此。囚犯之间用“敲击代码”交流了数年，彼此甚至没见过面。但是他们的联系非常密切，通过敲击声他们就能了解彼此的情绪。通过监狱墙壁，从未谋面的陌生人就可解读出对方是否生气、悲伤或开心。

北越南屡次试图分裂囚犯群体，令他们无法从彼此身上获得力量。但他们从未成功过，战俘们一直维护着他们的沟通纽带。

给领导者的启示

与飞机失事后的救援行动及战俘营的战俘保持团结一致相比，组织挑战的难度要小些。但是，如果要维持团队的整体一致性，经常沟通很有必要。

传统上，团队成员近距离与其他成员一起合作，人们可以面对面进行沟通，这是一种奢侈。然而，渐渐地团队成员分散在不同地点，他们借助其他方式进行交流——电子邮件、书信、电话、视频会议。

我们刚刚学会了如何有效地使用这些媒介。我常常听到人们感叹，因为使用电子媒介，工作场所变得越来越缺少人情味，公司也因此失去了人际交流中的重要方面：个人品质。然而，越来越多的证据表明，在新科技出现之前人们可以用意想不到的方式有效地进行合作。河内希尔顿监狱的“敲击代码”能有效传达细微的情感，这说明电子沟通本身并非是无效交流的起因。事实上，网络浪漫的兴起清楚地表明，远在天涯的人也可以发展亲密关系。

所有这些当中存在的挑战是：要保证科技的便捷与人的特性有效地结合起来，而人的品质对团队凝聚力而言至关重要。此外，因为不同的人对媒体的偏好不同，所以人们需要多种渠道的沟通媒体。无论如何，握手终究是经久不衰的与他人关联的方式。

德勤公司全球首席执行官巴里·萨尔兹堡因其出色的沟通技巧而出名。萨尔兹堡善于与员工沟通，这无疑促成了他的成功。一开始他是公司美国分部的德勤涉税实务的负责人，后来成为美国分部的任事股东，然后晋升为执行总裁，最后担任目前的职位。他这样描述其沟通方法：

> 说到底，其实就是关注人们的感受。要让人们觉得工作让他们彼此紧密相连，要让他们能真正接触到领导者，并确实感到领导层将他们的最大利益放在心上。诚然，我们不能满足员工的所有需求，也不是每样事情都做得对。但是，这无疑是沟通方法背后的指导思想和精神。

经济低迷期很多人担心失业。萨尔兹堡认为，此时沟通显得尤为重要。他开诚布公，帮助员工减轻焦虑，同时也为公司其他领导者树立了榜样。

萨尔兹堡通过很多不同方式与同事交流。在所有员工都能读到的《十件事》（*Ten Things*）系列书中，他讲述了自己从商30余载的经验教训。该系列书涵盖大量话题，包括领导力、多样性和包容性、客户服务，以及艰难时期的领导方法，每册书揭示十条领悟。

与德勤员工进行直接互动交流的能力得到认可后，他还在全国各地举行“实话实说”（Straight Talk）会议。人们可以现场参加、电话连线，或通过登录德勤公司网站参与。萨尔兹堡会回答员工所有问题——没有什么是不能问的。

有证据显示，这些沟通策略效果明显。在德勤公司，因为萨尔兹堡坦诚回答问题，并且愿意聆听，员工对他的评价非常好。他还受到外界一致好评，在美国商业奖大赛中荣获“年度执行官（服务类）”荣誉称号。

虽然我们处于一个社会媒体时代，但萨尔兹堡和欧内斯特·沙克尔顿都认为，要加强团队成员之间的联系，没有什么比个人接触更有效的了。萨尔兹堡认为：

> 就商业而言，信任有如氧气。对员工和顾客而言，缺乏信任就有如飞机失去机舱压力一样。在当今社交网络时代，缺乏信任比以往任何时候都更危险。
>
> 当今的高科技似乎所向披靡。但令我欣慰的是，即使在当今时代，我们仍可以用科技含量最低的方法获得信任和透明度——领导者直截了当地站在房间里，尽最大努力去倾听员工的话语，并讲述简单质朴的道理。

让人人知情、参与和提供解决方案

在团结一致的团队里，人人都明白要完成什么任务，并且具有深深的个人责任感。要做到这样，每位团队成员必须清楚团队面临的挑战，这意味着要公开信息、选择方案及其可能出现的后果。横穿南极探险队员团结一心，这充分说明沙克尔顿具有让探险队员积极广泛参与的能力。

沙克尔顿是一位承担大量个人责任、具有前瞻性的领导者。他悉心参与探险的几乎每个环节，包括准备食物，安排一起生活之类的日常例行事务。他仔细思考如何处理突发事件，比如如何快速拔营。为了关乎生死的事情，他殚精竭虑，例如，在如何获得救援这一问题上，沙克尔顿要决定让哪些人乘坐救生船穿过斯科舍海。

值得一提的是，沙克尔顿不仅能够让他人一直参与团队工作，而且还下放权力，鼓励他人发挥个人的主观能动性。能做到这两点的重要原因是，他能让人们在心理上产生参与意识，并不断思考如何解决面临的问题。毫无疑问，他这样做有双重动机：一方面是为了保持士气；另一方面是为了征求有益于探险队生存的切实可行的建议。

沙克尔顿不仅能明确地表达自己的想法，还能让他人思考解决问题的方法，他是如何做到的？其中一个做法是成立指导委员会，这是一个由内部重要队员组成的圈子。该指导委员会成员有弗兰克·瓦尔德、弗兰克·沃斯利和弗兰克·赫尔利。在决定所有重大事项方面，他们的看法举足轻重。

赫尔利说，雪橇之行失败后，指导委员会所有成员一致同意再次露营。指导委员会也权衡了他们面对的其他艰难选择。这些选择很严峻，而结果如何却很难说。沃斯利说，经过激烈辩论后，指导委员会做好了心理准备。

> 接受最糟糕的结果，即整个冬天都逗留在浮冰上。如果在 1 月底之前能随浮冰飘到格雷厄姆地或奥克尼岛附近（这是可能的），我们希望能碰到先前到达这两座岛的人，并在他们的帮助下登上其中一座岛。另一个选择有点冒险但很有必要，我们打算在 1 月底快速航行到西半球，我们不用救生船，只用木匠做的小平底船。只有在随浮冰漂移无法实现的情况下才会这么做。因此，

我们相当确定的是，如果在浮冰上过冬，有可能在某个深夜浮冰会开裂，并将救生船压坏。

尽管沙克尔顿对于什么是正确的行动方案很有主见，但他还是会聆听指导委员会的意见。与指导委员会的碰头讨论对他的看法有影响。此外，指导委员会还是沙克尔顿的坚强后盾。特别在后来形式严峻，生存概率降低，而且探险队里还存在潜在的反叛和辞职情况时，沙克尔顿得到了指导委员会及时的大力支持。

然而，沙克尔顿并不仅仅向他们咨询，他还愿意听取其他人的看法。四处巡视时，沙克尔顿会不断问：“是否有什么是我们现在该做却没做的？”

当然，他并非通过投票表决方式做决定，也不是言听计从。但是，沙克尔顿很平易近人，他使每个人感到自己能影响事情的进展。特别在计划出现变动时（这在探险过程中是家常便饭），沙克尔顿会鼓励大家公开讨论并发表意见。就这样，他使每个人都觉得自己的意见很重要。

对领导者的启示

信息确实是一种力量。人们可以公开分享信息，也可以封闭信息，然后被迫勉强地一点一点透露出来。在一个案例中，财务透明和沟通公开的公司文化使一小型咨询公司避免出现从出售变倒闭的情况。

该公司首席执行官快到退休年龄，他担心权力过渡会造成毁灭性后果。他见过另一位公司创始人出售自己的咨询公司，所有员工对此毫不知情，也无人参与此事，而且员工也未得到任何利润分红。在咨询公司被出售后的第二天早晨，这位创始人出现在公司，手带昂贵的劳力士手表，自我满足地微笑着宣布说，公司已被收购。突然的权力过渡后不久，该公司便土崩瓦解。

这位考虑周到的首席执行官决心避免出现类似情况。他努力让团队每位成员就他们的共同未来进行坦诚的讨论。人人都可了解包括薪金在内的财务信息，并且人人都被要求献计献策以争取收购获得最佳效果。该首席执行官还拜见了许多曾经成功出售公司的企业所有人，并和团队成员分享他的会面感悟。因为该首席执行官沟通公开，包容大度，所以团队最后一致同意为出售做准备。

这里并不是说，事情进程中的每个细节都要不加解释地立即分享。有时，沙克尔顿会等队员休息后再宣布坏消息。领导者需要把握好信息分享的时机和情景。然而，团队要想在困境中获得成功，成员就要了解所有重要事实，并形成团队的集体意识。

合理利用每个人的才能

沙克尔顿显示出一种独特的能力：了解每个人的性情和技能，然后再把这些特点和探险需要有效地结合起来。这样，所有队员都能尽其所能做出最大贡献，沙克尔顿也避免了很多有可能出现的绩效问题。然而，有几次他不得不将探险队员拉回正道。沙克尔顿对他人的感受异常敏感，在管理表现差的队员方面，他的能力令人惊讶。

从前往南乔治亚岛的航行途中发生的一件事上可看出沙克尔顿对他人感受的敏感。接连不断的海浪把队员携带的烟草冲击得七零八落，烟叶冲得到处都是，与驯鹿皮睡袋掉下的毛发混杂在一起，散发出一种混合的香味。

一名机灵的队员把烟叶收集起来，用普里默斯炉烘干，再用受了潮的卫生纸将烟叶做成卷烟。当他将这种特质烟给沙克尔顿时，沙克尔顿象征性地吸了几口。等该队员一转身，沙克尔顿立即将烟递给了他人。

尽管沙克尔顿费劲心力尽量避免伤害他人感情，但是当有必要纠正不当行为时，他会毫不迟疑。例如，古怪的沃德-利斯渐渐喜欢将自行车骑出去，在冰上玩花样骑车自娱自乐。有一次，他彻底迷了路，搜索队将他救了。自此以后，他被严禁独自离船。

沃德-利斯古怪的性情和行为方式使他与其他人摩擦不断，而且很容易成为他人的替罪羊，他甚至能与和蔼可亲的瓦尔德作对。虽然完全有可能，但他从未被团队逐出。因此，任何时候、任何地方他都尽量出力。在去大象岛的途中，沃德-利斯用自己的胸膛去温暖布莱克伯罗冰冻的双脚。

沃德-利斯能一直待在队伍里未被逐出，主要原因是沙克尔顿竭尽全力维持团队的整体性，并且能做到不偏不倚，哪怕是表面上的。对团队可能出现的分裂，极为敏感的他倾注大量心血将分裂扼杀在摇篮中。沃斯利发现：

> 28 个人聚在一起，受到管束，无所事事。放眼望去，一片冰天雪地，这样的生活必然了无生趣。想随浮冰向北飘移，又知道在冷酷无情的自然法则面前我们无能为力。这种无奈必然会导致我们神经紧张，发脾气。大家开始拉帮结派，但很快就被沙克尔顿的机智和交际手腕摧毁了。他会对帐篷队员进行重新分配……并提醒大家团结就是力量。

沙克尔顿尽量做到公正，不偏不袒，这一点甚至体现在他与沃斯利和瓦尔德的关系上。他非常重视这两位重要队员的看法，而且在探险队他们显然属于上层人物。但人们从未将他们看成沙克尔顿的“密友”。在团队中大家是一个整体。

对领导者的启示

也许，领导者最棘手的事莫过于处理绩效差的员工，同时顾及个人感受及团队整体性。然而，困境中的领导者必须应对这种复杂情况。如果忽视消极怠工的员工，那么团队凝聚力就无从谈起。

说到绩效问题，我很少听到领导者说："这事我处理得太迅速了。"通常的做法恰恰相反。领导者会一拖再拖，直到情况恶化到不可挽回的地步时，或者等到其他人因对绩效欠佳者失望而心灰意冷时，他们才会去着手处理。不愿处理绩效问题只会削弱而不会增强团队整体性。

虽然处理绩效欠佳问题很重要，但处理的方式同样重要。要注意避免孤立个人，要给人挽回过错的机会。例如，鲍勃是化工行业一家重要公司的领导者，他的团队里有一位绩效很出色的明星员工——化学家查理，他主要负责研发一些创新的能赢利的新产品。根据组织目标，鲍勃将查理提拔为高管。

然而，没过多久查理的绩效开始下滑。因习惯于亲力亲为，所以让他去监管研究人员时，他感到很迷茫，而且他严重缺乏行政管理能力。他不仅没有研发出新产品，还妨碍了下属员工的创新。

鲍勃直面这个问题，但他建设性地处理了此事。他并没有谴责查理。鲍勃知道，如果查理能从日常管理职责中解放出来，对公司和查理都更为有益。因此，鲍勃新设了一个与高管职位相当的岗位——高级研究员。这样查理又回到了原先的研发岗位，而他的管理职责则交给了一位非常善于管理的人。

鲍勃另辟蹊径，为查理新设岗位，这不仅有助于实现公司目标，还为查理及公司的其他创新型人才创造了成功的机会，避免了出现员工不满和团队分裂的情况。

优秀的领导者往往对个人的需要和技能比较敏感，能为各种人才找到用武之地。需要采取纠偏措施时，他们采用的方式会尽量避免孤立他人或使他人成为替罪羊。成功的领导者会不断灌输团队观念：“我们是一体的，我们同生共死。”

探险日志

共同身份

1．你是如何努力提升团队共同身份感的？

2．是否所有团队成员都清楚了解团队的价值观？团队成员是否会根据团队价值观来进行决策？

3．为了提升成员对团队的认同感，你还可以怎么做？

沟通

1．你是如何与自己的团队成员保持联系的？这方面还有什么可做的？

2．你如何评价团队成员之间的沟通质量？

3．是否有时机让团队成员聚在一起进行面对面的接触和交流？

信息和参与

1．是否所有成员对整个团队面临的挑战都有清晰的认识，并对团队成功具有个人责任感？

2．大家是否有机会公开讨论各种方案与决策，以及不同方案的可能结果？

3．为了让每个人都积极参与并献计献策，你还有什么办法？

绩效

1.你如何评价自己处理个人绩效问题的能力？是否存在一些你应该解决却在逃避的问题？

2.团队里是否有受到孤立或代人受过的人？如果有，如何才能让其融入团队并充分参与团队事务？

第6章

遵守团队核心价值观

策略六：

清除地位差距，坚持礼貌待人，彼此互相尊重。

早餐时，沙克尔顿私下塞给我他自己的一块饼干。晚饭时，如果我不反对，他会再塞一块给我。我觉得，世界上没有其他人能完全懂得他这么做有多慷慨、多具有同情心，但是我懂。我发誓，我永远都会铭记在心。再多的钱都买不到那一块饼干。

——弗兰克·瓦尔德

事实上，用于应对危情的绝境领导力十大策略之间是密切相关的。但本章主要与策略五相关，即团队观念，因为本章描述的许多方法本可以放入前一章，可以看做建设具有凝聚力的团队的另一套策略。然而，策略六对绝境领导力而言至关重要，所以它需要独立成章。

缩小地位差距并减少特权

罗伯特·法尔肯·斯科特是著名探险家，在挪威人罗尔德·阿蒙森之后仅一个多月，斯科特也抵达了南极，然而却和同伴们死于回途中。但因为英国公众的想象力，斯科特变得永垂不朽。尽管此次探险失败了，人们仍将之看做一次壮举。

全世界人们建起雕塑，弘扬斯科特勇于直面死亡的精神，而且雕塑上都刻有他的遗言：

> 我不后悔进行这次探险。它向世人证明，英国人能吃苦耐劳、同舟共济，并能像先人一样勇于面对死亡。

事实上有些人认为，斯科特的不幸遭遇是因为他在个人行事方式和领导能力方面存在严重不足。例如，罗兰·亨特福德写过一本将阿蒙森和斯科特进行对比的书《终极地带》(*The Last Place on Earth*)，书中无情批判了斯科特的缺点。书的索引条目列出了斯科特的“特点”：

> 心不在焉，不可知论者，指挥不当，不时灰心丧气，情绪化，缺乏耐心，指望临时抱佛脚，给人感觉不称职，缺少安全感，缺乏洞察力，不理性，孤立不合群，嫉妒，判断不准确，领导失败，文学天赋，动辄惶恐不安，鲁莽，逃避责任，多愁善感，不坚定。

另有一些人认为，亨特福德这样评价斯科特过于偏颇，言辞过分苛刻。

1957—1958 年，横跨南极探险的英国领队维维安·福克斯爵士说，亨特福德是在借用“尖酸刻薄的文笔竭尽所能”来表达他个人对斯科特的不满。

亨特福德对斯科特可能比较苛刻，尽管如此，有一点几乎确定无疑：同样作为领导者，沙克尔顿非常优秀，可斯科特却不然。两人都是在浪漫主义时期进行探险，而且他俩都很有抱负，个人能力也很强。但是，在领导有效性方面，尤其在培养团队的团结一致方面，两人有着根本区别。为何存在如此巨大的差异？是何原因造成了这些差异？

当人们浏览亨特福德书的索引中斯科特的特点和其领导力的不足时，有一点变得清晰明了：几乎可以确定的是，斯科特的很多不足是他学习领导艺术的环境所致，即 19 世纪后期的英国皇家海军。这种环境值得人们再次仔细地回顾，因为其中蕴含着对当今领导者和组织的一些启示。

19 世纪 80 年代，斯科特加入了达特茅斯学院，即英国海军学院，但那时，皇家海军仍然活在过去。他们还陶醉在 1805 年海军上将霍雷肖·纳尔逊在特拉法加角之役中完胜法国军队的荣耀当中。皇家海军普遍骄傲自满、拒绝创新、重形式而不重功用。亨特福德形容得很好，这“更像一家令人望尘莫及的游艇俱乐部，而非军事机构”。

皇家海军的领导艺术注重表象。例如，外观看起来很漂亮的舰上却装备着过时的武器。另一弊端是皇家海军过分要求恪守等级制度、严格服从和集中决策。斯科特本身才能有限，缺少个人安全感，再加上他所接受的领导训练体系只适合于海军作战，却不适合南极探险。

以上三者不幸结合，并在斯科特领导的很多方面体现出来。斯科特并不像沙克尔顿那样能认识到组织结构的积极功能（见第一章），他会给队员分配一些荒唐可笑的任务。身为国家南极探险队指挥官，他却让队员遵从皇家海军传统，每天擦洗甲板。队员必须在零下的温度下擦洗甲板。天太冷了，擦洗后的甲板立即就结冰了，但队员们还得把冰铲除。

斯科特还喜欢在甲板上巡察所有探险队员，命令他们站在原地，直到他们冻伤了脚。但还不止这些，斯科特的沟通能力很糟糕，他并没有利用信息沟通来加强团队团结（见第 5 章），反而隐瞒最基本的信息。甚至探险队中的军官都不知道探险目的地是哪里，他们还得坚持多久。

斯科特的所有这些行为引起了探险队员的愤怒、不满和绝望。然而，斯科特最大的缺点也许是，他是“阶级主义者”。他从皇家海军学会了用等级观念看世界。当然，其他英国海军军官也接受了相同的训练，但这并不影响他们成为优秀领导者。但是，斯科特本身个性和所接受的死板训练二者的结合就会影响其领导的有效性。

例如，在招募“发现号”探险队员时，斯科特坚决不收皇家海军以外的任何人，因为他怀疑自己应付不了“任何其他阶层的人”。“发现号”探险队严格区分军官与非军官、军官室与通舱。除了在巡视时，其他时候斯科特甚至很少和普通水手说话。在一般商船上，这种严格的等级制度完全没有必要，在冰天雪地的南极更应避免。等级制度造成了探险队支离破碎，队员士气低落，探险队几乎无法被称为一支团队。

沙克尔顿学习领导力的途径与斯科特可谓有着天壤之别。因为沙克尔顿的父亲付不起达特茅斯学院的巨额费用，也买不起军校学生训练舰，因此，年轻的沙克尔顿被父亲送到海上“霍顿塔号”船上做海员。准确地说，沙克尔顿从船上 200 多人那儿逐步“学到了所有关于缆绳的知识”。

沙克尔顿不仅学会了基本的航海技术，而且，他所处的环境与死板的皇家海军截然不同。当然，长官和海员之间也存在地位差别，但并不像海军那样死板。生活在这种环境中，合群的沙克尔顿在所有层次的人当中都交到了朋友，其中有长官、工程师和学徒等。

当沙克尔顿加入斯科特组织的“发现号”探险队时，他带来的不仅仅是开朗、热情奔放的个性，还有和斯科特截然不同的对人、对人际关系的看法。尽管是位很出色的领导者，他还是认为严格的等级制度没有必要，因为它没有任何价值。他知道掌握决策权很有必要，但高人一等的精英阶层却没有必要。

在“发现号”探险旅途中，沙克尔顿和斯科特两人的差异不断出现。队员在学习滑雪时，斯科特在一旁观看，而沙克尔顿则选择和其他队员一起在雪地里折腾。哈特利・费拉尔是探险队的地质学家，也是探险队最小的军官。当斯科特责备他时，沙克尔顿却支持费拉尔，因为他觉得斯科特的责备毫无必要。

然而，在后来的横跨南极探险中，沙克尔顿的领导力才得以充分发挥。此时，沙克尔顿与斯科特的鲜明对比变得非常清晰，尤其是，沙克尔顿能消除不必要的等级制度所带来的破坏性影响。在“坚韧号”上，不论身份地位如何，每个人都参与重要事情。科学家、医生和海员会并肩工作。例如，在一张探险照片上，外科医生麦卡林正跪在地上奋力擦洗甲板。

这种平等理念并非人人都能理解，也不是一开始就受到拥护。沃德-利斯接受的是皇家海军的教育，他在日记里这么写道：

> 在很多事情上，我都能放下等级制度给我带来的优越感。可是我必须得说，我觉得，让接受过良好教育的人擦洗地板是不公平的。

然而，随着时间的推移，无等级差别的体制逐渐成为团队文化的一部分。与斯科特不同，当队员劳作时沙克尔顿并不会袖手旁观，他会参与其中，成为团队的一部分。

这种平等思想有两大益处：第一，它确保每位队员都尽其所能完成任务；第二，它将不满情绪减到最少。面对压力、困难和资源匮乏时，如果有人认为，大家相互之间不公平，团队就不可避免地会产生不满情绪。

沙克尔顿成功维持了平等感，其中一种方法就是，严格公平地分配资源。例如，在“坚韧号”破损后不久，队员面临着一种窘境：没有足够的驯鹿皮睡袋可以分发给每位队员。这些毛皮专家特制的睡袋在当时可能是最好的御寒设备。按照原计划，驯鹿皮睡袋只为雪橇组的队员准备，所以只有 18 个。现在，所有人都在寒风中饱受寒冷的煎熬。这样一来，28 人中必须要有 10 人不得不凑合着用耶格尔纯羊毛睡袋。因为人人都想拥有驯鹿皮睡袋，所以，为公平起见沙克尔顿用抽奖的方法来分配睡袋，但沙克尔顿本人并未参与抽奖。作为一个探险“老手”，他决定自己用羊毛睡袋。

御寒固然很重要，可是食物对生存更重要。食物配给的多少会引发各种情绪，从非常开心到沮丧，不一而足，甚至表面的偏袒都会引起冲突和不满。以下是沙克尔顿为保证公平而采取的明智之举：

> 分到每个帐篷里的所有食物都被吃光，所有食物都被精心地按帐篷里的人头数分成若干份。一位队员会闭上眼或别过头去，随机叫出某些人的名字，同时当天当班厨师指着一份食物并喊“谁的”？再怎么无意为之，任何偏袒都不足取。沙克尔顿不偏不倚的做法完全避免了大家的不平等感。每个人都觉得这样做很公平，尽管有时有人会羡慕地看着下一个人领取的食物，因为那份比自己的要特别些。虽然我们明显地破了基督教十诫里的第十诫，但是因为我们在此方面都一样，所以没人说什么。

为了强化公正平等这一准则，沙克尔顿努力确保身为领导者的自己不搞特殊化。他穿衣吃饭和大家一样，并像普通队员一样轮流参与日常事务。例如，他会像端盘子的女招待一样，从储备日常食物的厨房里端出“浓汤锅”，里面是猪油、燕麦、牛肉和植物蛋白、盐和糖等混合而成的棕色浓汤。当沙克尔顿知道厨师给他特别待遇时，他立即制止了这一行为，因为这违反了公平原则。

沙克尔顿的诸多品质使他在确保大家都平等的同时仍具有权威性。其中另一品质是，他敢于道歉，承认错误。当然，他很有主见，有时会很倔。但是，如果他犯了错，他会快速承认。

有一次，在“詹姆斯·凯尔德号”救生艇需要多少压舱物才能顺利到达南乔治亚岛这个问题上，沃斯利和沙克尔顿两人产生了分歧。因为队员和物品加在一起有 1 000 磅重，所以沃斯利认为需要加相对较少的压舱物。而沙克尔顿担心在波涛汹涌的大海中救生艇会倾覆，所以，他坚持认为需要加近一吨的压舱物。结果救生艇吃水很深，难以驾驭。如果少加点压舱物，此次行程就不会如此糟糕。意识到自己判断错误时，沙克尔顿直接跟沃斯利说：

> 船长，你是对的。在压舱物重量判断上，我错了。要是我当时听你的，我们就能快些抵达目的地，船行驶起来也会更灵活些。我们也会遭遇更少的狂风大浪。

承认错误是在“詹姆斯·凯尔德号”救生艇成功完成航行之后。其实他本可以不用这样做，因为其他人对此可能并不在乎。可是，沙克尔顿却很看重此事。他这么做只会使他更具有领导者的信誉。

对领导者的启示

所有组织都存在等级划分，但有些组织的等级划分更明晰。在埃德·劳勒撰写的《自下而上》(*From the Ground Up*)一书中，他形象地描述了一家德国公司总部的组织结构。整个公司结构如同金字塔，每一塔层表示一个管理层级。每位员工都知道自己在此金字塔中所处的位置，升职就清楚地意味着上升到更高的塔层。

对绝境领导力而言，这种严格的层级划分对团队合作几乎无益。层次结构本身没有问题，员工需要通过它了解公司权威所在，并了解为什么人们在薪水、职能及头衔方面存在差异。真正致使团队分裂的是精英阶层的认知，他们觉得自己比别人优越。因此，绝境领导力的重要挑战就是要创造一种环境：无论职位差异如何，人人得到基本的尊重。

我的一次亲身经历可以说明上述这一点。从哈佛商学院毕业后，我就职于华盛顿，担任教育厅行政长官约翰·奥缇娜的助理。第一天报到时我一腔热血，想努力解决美国教育问题。可到那儿才发现，我和其他新聘的助理挤在办公室很狭小的区间，我们很难交谈，也难以进行深思和分析工作。虽然这并不关乎生存问题，但工作环境确实很差。

看到我们挤入狭小的办公区间后，约翰考虑了一下，之后并立刻采取行动。他立即从专属行政长官的大区间搬出来，搬到一个很小的、只有一张桌子和一些文件橱的办公区间。他没有兴师动众，就这么不声不响地做了。这个简单的举动说明了一切：我们同心协力；无论职位高低，我们要团结一致，努力完成团队面临的艰难工作。

勇于承认错误是缩小地位差距的另一途径。那些勇于承认错误的领导者总给我留下深刻印象。斯科特·斯克拉是 TravelSmith 公司的前任联合首席执行官，这是一家经营外出旅行用品的公司，专营那些能经受住道路颠簸折腾的产品。斯克拉曾听过我在耶鲁教授的职业生涯课程。有一次我们碰面了，在一起聊天时，斯克拉很高兴地讲了一个关于“小黑裙”的故事。

纳塔利 · 卡尔森当时是公司女性服装部的负责人。她提议在 TravelSmith 的销售目录里添加一款黑色针织裙，却被斯克拉否决了。理由是公司之前从未做过这样的事情，而且斯克拉对裙子知之甚少，况且 TravelSmith 在女性服装方面还处于“婴儿学步期”。但是，卡尔森坚持自己的观点。她丈夫在法国工作，所以她经常在巴黎度过长长的周末。因为没有合适的服装，周围又都是时髦的巴黎女性，卡尔森经常会觉得无所适从。因此，她开始了颇费周折的寻找之路：找一种容易打包、不起皱，且有款有型的完美黑色连衣裙。可是，她费了许多工夫仍无法寻找到这样一件完美的黑裙子，于是她自己设计并制作加工。卡尔森知道，无论对她还是对其他女性旅行者而言，这件裙子都很重要。

虽然斯克拉保留自己的意见，但他聆听对方的意见。最后他被卡尔森说服，同意这一提议。事情的结果让他大吃一惊。斯克拉回忆说：

> 这可能是我们经营的最成功的产品之一，它已经成为我们的品牌。此事让我明白一点，要成为卓越领导者你不必样样精通，但你得会慧眼识英才，并知道怎样去激励和管理这些人才。

后来卡尔森被提拔为营销副总监，这款“不可或缺的黑裙”成为 TravelSmith 公司文化的一部分。在整个叙述中，斯克拉清楚地表明：他没有假装自己是无所不能的领导者，他鼓励卡尔森和其他人坚持自己的观点。

坚持相互尊重和礼貌待人

强迫某人真心实意地关爱他人是不可能的，但人们可以营造出这样一种氛围：关照他人成为一种规范性行为。时间长了，这些关爱行为有助于人与人之间建立情感纽带。

横穿南极探险中，自始至终沙克尔顿都一直鼓励人们相互尊重、彼此关心。他具有自我牺牲的非凡精神，而且能服务他人，这两点为团队协作打下了基础。他对探险队员的关爱显而易见，探险队员会对沙克尔顿如此忠心，原因就在于此。这也是大副格林史屈被打动并说出下列话的原因：

> 沙克尔顿总是先人后己，只要队员有足够的衣服穿，他是不在乎自己有没有衬衫穿在里面的。你会觉得，对他来说团队重过任何其他一切。

这种彼此紧密相连的感觉不仅意味着队员对领导者忠诚，随着时间的推移，这种紧密相连感也会使队员之间形成巨大的、强有力的忠诚纽带。

沙克尔顿培养队员相互尊重和关爱的行为通常都是些简单的事（包括在领导力策略二中提到的沙克尔顿以身作则的事例）。例如，在“坚韧号”沉没后，沙克尔顿和瓦尔德为大家热牛奶，然后到每个帐篷分发这一救命饮品。到达南乔治亚岛后，所有队员都筋疲力尽。这时，沙克尔顿主动要求第一个值班。他一连守了 3 小时，而不是通常的一小时。

如同沙克尔顿尽量避免错怪他人一样，他关心探险队员的方式也反映了他全心致力于团队的团结一致。在救生艇驶往南乔治亚岛的途中，他再次费尽心力地做到一视同仁，不优待有特殊需要的人。在寒冷刺骨的夜晚，沙克尔顿确保每 4 小时供应一次热牛奶，以帮助队员驱寒。牛奶滚烫，但为了体内能获得额外热量，人们还是喝了。

因为有热牛奶的供应，所以途中无一人死亡，但他们也差不多接近死亡边缘了。沃斯利回忆道：

> 至少有两个队员生命垂危。事实上，可以说是沙克尔顿密切关注每个人的身体状况，才救了大家。只要发现有人看起来特别冷，而且哆嗦，他就会立即吩咐再准备热牛奶，让大家都喝。沙克尔顿从不让那个人知道这么做是因为他的原因，免得他胡思乱想。虽然我们所有人都喝到牛奶了，但是最受益的当然还是那个最冷的人。

人们要意识到的重要一点是：作为领导者沙克尔顿的行为具有带动效应。队员们常常会相互关心，也会为彼此牺牲。这种情况在我所研究过的其他探险历程中很少见。

“坚韧号”探险途中最紧张的时刻之一是在再次宿营时，在救生船下海之前。食物储备已经少到危险的地步了。只剩不到一周的鲸油储备，平常早餐供应的少量海豹肉也没有了。一般用于喂雪橇狗的肉经过检查后也被用做队员的食物，甚至有几人尝试着吃冷冻的生企鹅肉。

情况让人非常绝望。在一个潮湿的不眠之夜后，沃斯利、麦卡林、沃德-利斯和生物学家罗伯特·克拉克之间爆发了一场争吵。格林史屈因为被夹在中间，所以他那份极少的用奶粉冲制的牛奶不幸洒了。然后，他冲着克拉克大叫，那是一个悲剧时刻。作者阿尔弗雷德·兰辛在其书中关于“坚韧号”南极探险的那一段是这样描述当时的情景的：

格林史屈停下来调整呼吸。愤怒在那一瞬间得到了排解，他突然沉默了下来。帐篷里其他人也安静了下来，怔怔地看着格林史屈。他蓬头垢面、胡子拉碴，浑身还布满脏兮兮的鲸油燃烧后遗留的烟灰。手里端着空空的杯子，他绝望地看着已吸收他宝贵牛奶的那片雪地。这是一个灾难性损失，他几乎快要哭出来。这时，克拉克什么也没说，伸出手来将自己的牛奶倒一部分给格林史屈。然后，沃斯利也倒了一点给格林史屈。再后来，是麦卡林。接着是瑞金森、克尔、沃德-利斯，最后是布莱克伯罗 。最后，大家都静了下来。

就这样，其他队员都效仿起沙克尔顿去关爱他人。所以，尽管面对死亡和饥饿，团队协作的纽带仍然牢不可破。

营造互相尊重的氛围的另一个重要方法是坚持普通礼节，即使在压力重重的情况下（这时普通礼节看似没必要）。当然，在极端情况下冲突不可避免会发生（见第 7 章），它甚至会影响到团队健康。但身处险境并不意味着就可以忽视礼貌。弗兰克 · 瓦尔德为人们称道的是，他会提醒大家“小小的感恩，大大受益”。使用“请”“对不起”及其他耳熟能详的礼貌用语帮助了探险队员之间进行社交互动。

我是早年在越南服兵役时明白这一点的。在首轮的一次进攻中，我所在的营遭遇了来自北越军队的极力抵抗。一支印度连队中了埋伏，遭到固守在那儿的敌军迫击炮和自动武器的毁灭性袭击。这场袭击造成连队 1/3 的人或死或伤。仅仅 3 分钟内此连队便溃不成军。

连队迅速撤回军营总部。营部是一个匆匆建立的战地指挥所，坐落于一个刚占领的黑色山脊。因为遭到空袭的原因，山上仍然在冒烟，那景象尤如地狱一般。情报官，也可以称为 S-2，正在询问惊魂未定的印度连队指挥官。S-2 连珠炮似的提了好多问题，问指挥官关于敌军的力量、武器，以及可能的反制方法。这时，这两位军官相隔几英尺，面对面地跪在脏兮兮的地上。

在空中，一些直升机一边向前方飞行，一边用机关枪扫射。与此同时，其他一些直升机往回飞，运回伤亡人员。喷气式飞机在几码之外投掷凝固汽油弹。我不知道我方是不是快要溃败了，也不知道北越军队撤离了没有。一片混乱当中，我不假思索地径直跑过那两位军人之间，决心完成我的使命：把情报带给营队指挥官。当我从他们中间跑过时，我听到 S-2 对我大喊："请说声对不起。"

"对不起？"我在想，"你他妈以为我们在什么地方？"然而，瞬间之后我大为震惊。身处这样超现实的情形中，我已变得粗鲁不堪。我曾辱骂过正艰难地从惊恐中恢复的连队指挥官，也曾惹恼过两名军人。在这样的情况下，普通礼节所剩无几。那是我终身难忘的一个重要教训。

对领导者的启示

要想团队成员相互关心，领导者必须身体力行，不可委派他人去做，也不可装模作样。如果领导者身体力行，并且强化互相关爱的观念，那么随着时间的推移，相互关心就会成为团队文化的一部分。

迈克尔是一家大型媒体公司的首席执行官。他接管了一个组织，一位密切关注者称该组织充满"政治、竞争和污秽"。人们在大庭广众之下常常会撕破脸皮。侮辱、辱骂和有损人格的行为在公司里很常见。

迈克尔很快意识到，在这样的情况下，团队的集体智慧根本得不到发挥，公司面临的棘手问题也就无法得到解决。他和高管团队其他成员一起合作，制定了一套行为准则。这套行为准则规定了领导者应遵从的行为，该准则的基本原则就是要尊重他人、礼貌待人。

一开始，有人对此持怀疑态度，认为这只是表面文章，并无实质效果。事实并非如此。有两位高级主管一再明显地违反该行为准则，并有据可查，他们被要求离开公司。这时，人们发现这次是动真格的。消息很快在组织内引起反响。该组织曾被称为“可憎行为的聚集地”，而如今该组织的文化却发生了转变。迈克尔的做法使一个过时的个人主义横行的组织转变成一个已准备跨入数字化时代的团队。

探险日志

1. 考虑你所在团队和组织的结构，是什么区分人们的不同层级和地位？是否有什么政策或程序会导致团队分裂？如有，这些政策或程序是否真的必不可少？怎样做才能尽量减少甚至消除这些差异和特权？

2. 如何具体分配团队资源？有什么方法让团队共享资源，或将其中一些分配给更需要的人？资源分配能否做到公平公正？可以考虑将其作为团队会议议程的一项话题。

3. 如果让团队成员评估你的领导力，他们会认为你更像沙克尔顿还是更像斯科特？他们认为你是“高高在上”“只看不做”，还是和他们“同甘共苦”？是否有什么生理或心理障碍将你和你的团队分离？

4. 你是否曾花时间去做团队成员的工作？制定一个计划，就在本月花点时间做一做团队的具体任务。亲自参与的经历有诸多益处：首先，它表明你乐意并能做和其他人一样的工作；其次，你会对团队面临的挑战及团队必须完成的工作有更好的了解，这样你会对团队的需要感同身受；最后，它能使你有所领悟，从而有助于团队工作的提升。

5. 你上次为团队利益而自我牺牲是什么时候？你是否做过类似招待

员端茶倒水的事？

6. 你所在团队的文化是否强调礼貌和彼此尊重？是否有明确或隐含的“行事规则”，使团队成员对彼此该如何相处形成预期？

第 7 章

控制冲突

策略七：

控制冲突——将愤怒化整为零，包容异己，避免无谓的权力争斗。

与外界隔离的群体通常会有这样的心理障碍：拉帮结派、你争我斗、关系紧张，这些问题总是暗流涌动。人们看到那些太过熟悉的脸会生气，想到无力挣脱更感无望……然而，人们有必要相信领导者，而沙克尔顿好像不动声色地就能防患于未然。

——罗兰·亨特福德

一提起冲突一词人们就备感紧张。许多干练的高管勇敢地进入竞争激烈的市场，为了避免人际冲突他们经常颇费心思。在危情中，组织中人们的态度和情绪各不相同，局势动荡不定，可想而知冲突不可避免。冲突有许多形式：直接争执、意见不合、蓄意破坏，以及消极攻击。

如果紧张局面处理不当或被抑制，就会变成悬而未解的隐患，很可能会带来超乎想象的破坏力。在生死攸关的危情下，它甚至可能危及生命——或由于人身攻击，或出于团队合作的瓦解。在生存不是问题的组织中，冲突可能会导致效率下降、压力增加、精力浪费，以及解决问题的能力减弱。冲突还会使工作环境压抑、收益受损、竞争乏力，并最终导致组织的消亡。

本章探讨两种案例：冲突失控导致丧命的例子，以及在最艰难条件下冲突得到妥善化解的例子，以说明积极的领导者如何巧妙地运用冲突的积极面，来创造并保持高绩效。

将愤怒化为零

史蒂芬逊突然离去，由罗伯特·巴特利特船长接班之后，“卡勒克号”探险队（见第 1 章）遭受了巨大的领导滑坡，留在船上的巴特利特无力营建一个有凝聚力的团队。这次转折带来的致命性后果在随后的几个月中显现，这支命途多舛的探险队里成员冲突四起，难以平复。

巴特利特上尉经历了比沙克尔顿所面临的更艰难的雪橇之行，成功地使“卡勒克号”探险队其余队员撤离被困的船只，在浮冰上穿行，来到陆地。然而在到达朗格尔岛这个相对安全的地方后，巴特利特却发现自己别无选择，只得离开疲惫不堪的幸存队员，踏上寻求援救的征程。

1914 年 3 月 18 日，巴特利特离开 15 名幸存队员，和他的向导爱斯基摩人卡塔托维克一起，冒着暴风雪，开始了前往西伯利亚的行程。这次 200 英里的行程要穿过漂浮不定的海冰，非常危险。1914 年 4 月 5 日，这两个筋疲力尽的人受到了一群友好的西伯利亚因纽特人的接待。

巴特利特和卡塔托维克在因纽特人那里驻留了两天，但因担忧留守在朗格尔岛上的队员，他们又一次和疲惫的雪橇狗出发。1914 年 4 月 25 日，也就是在离开朗格尔岛 37 天之后，巴特利特和卡塔托维克抵达西伯利亚人的居住地东海角（East Cape）。在这次被称为“人类史上最危险的冰上行程”中，他们几乎平均每天行走 20 英里，总共经过约 700 英里的冰面和冰岸。

虽然这是一次伟大的尝试，但直到 1914 年 5 月冰块破裂时巴特利特才找到一艘船将自己送到阿拉斯加。那儿的电报员拒绝在收到预付款之前发送电报，巴特利特和他争论起来，最终得以发送电报，汇报朗格尔岛上待救者的困境。

虽然巴特利特竭尽全力进行救援，朗格尔岛上的幸存者之间关系继续恶化，争吵不断爆发。领导责任落到总工程师芒罗身上，他成了岛上的领导者。但是芒罗这个先前与几个同船水手关系紧张的人，和弗兰克·瓦尔德是无法相提并论的。

这些人分成 4 个小组，各自做他们想做的事，这更进一步瓦解了他们的团队精神。他们这样安排的原因是为了增加狩猎机会。但这也促使团队成员离心离德，加速了团队的瓦解。

参加探险的气象学家麦金利这样写道：

> ……我们这个复杂的团队埋藏着各种未来灾难的种子。在正常情况下，我们可能是些很普通的人。除了最亲近的人，我们的弱点和特性不会被他人注意。一个好的领导者会激发每个人最好的一面……但是在我们这里，痛苦和绝望将人们的每个弱点、每个怪癖和每个缺陷都放大了一千倍。

饼干成了引发争执的主要原因。1/8 块饼干就能让人们发生争执，互相谩骂。队员互相指责对方隐藏狩猎成果。打到猎物时，幸运的狩猎者就只顾自己吃饱，不与其他人分享战利品，或者谎报狩猎成果。

有时，冲突不断升级，人们甚至以暴力相威胁。一名发怒的队员扬言要开枪杀死另一名队员，而消防员布雷迪被发现中枪身亡。虽然这一事件很显然是自杀，而非谋杀，但在布雷迪的私人物品中，人们发现了许多他从队友那里偷来的物品。

虽然通过沟通人们有效地缓和了冲突，但是停战只是暂时的。令人难以置信的是，人们忙于争吵，处处提防，甚至忘了巴特利特的最后指示：到罗杰斯岛寻找可以救援的船只。这样的忽视几乎使他们付出了生命的代价。

1914 年 9 月 7 日，9 名幸存的“卡勒克号”探险队成员被“国王与翼号”纵帆船营救。当时他们很是茫然，起初甚至没有发现救援人员，但最后还是跌跌撞撞地跑过浮冰，来到船上。他们的 11 名队友已经丧生：8 名死在浮冰上，2 名死于营养不良，一名开枪自尽。冲突和凝聚力的缺失使得这一团队在危情中未能有效运作。

冲突无法解决就会给团队生存带来破坏性影响，这样的例子不胜枚举，“卡勒克号”探险队仅仅是其中一个。另一个广为人知的悲剧是“唐纳大队”（Donner Party）的故事，这个队伍里微小的分歧最后升级为暴力和灾难。

1846 年，唐纳大队 87 名成员（拓荒者）从密苏里州的圣路易斯出发，前往加利福尼亚州。其中一名队员米尔特·艾略特赶着一群公牛，想要从另一名队员约翰·斯奈德前面经过。他们在一条窄道上僵持起来。愤怒的斯奈德狠狠地用鞭子抽打艾略特的牛群。队里的领头人约翰·里德冲过去阻止。斯奈德因此更加愤怒，将鞭子挥向里德和他的妻子。里德盛怒之下，拔出猎刀，随后杀死了斯奈德。

冲突仅持续了短短数秒，但这一灾难性事件带来了可怕的后果。它将队伍团结一体的感觉全然破坏了：

> 那天被释放出来的邪恶感再也无法抑制住了。这些迁徙者不再是一个“团队”，他们只是几个各谋其利的小组，其中一些人只有看清自己能获利才肯合作。仇恨和暴虐与他们的马车队如影随形。

另外，人们为处理这一凶杀案浪费了宝贵的时间。马车队停驻，人们又是成立专门小组处理此事件，又是签写书面证词。一些人扬言要复仇，队伍中有人表明立场时，还有人以枪杀相威胁。

最终达成妥协，收取了里德的枪械，让他离开。但仇恨仍挥之不去，而时间的耽搁最后也酿成了悲剧。唐纳大队到达塞拉斯山脉顶峰后却被困在皑皑雪地中，找不到方向。队伍里人心惶惶，人们痛苦不堪。究其原因，还是由于队员不能妥善处理冲突。

唐纳大队和“卡勒克号”探险队经历了毁灭性的冲突，与之形成鲜明对比的是“坚韧号”船员处理冲突的方式。沙克尔顿能有效地处理冲突可能是因为他自己切身体会到冲突将会带来的毁灭性后果。先前在南极探险过程中，沙克尔顿和罗伯特·斯科特关系破裂，两人甚至极少与对方说话。他们几乎为所有的关键问题争吵，包括饮食、纪律和雪橇狗。斯科特没有耐心、脾气暴躁、做决定时优柔寡断，并且经常持悲观态度。这总让沙克尔顿感到厌烦。这种紧张关系一直在影响他们到达极地的进程，在另一名队员爱德华·威尔逊的调解下才有所缓和。

但是，沙克尔顿拥有的远不止是亲身经历。他还了解其他探险家的记录和早先人们的探险经历，包括“贝尔基卡号”的经历。“贝尔基卡号”是比利时南极探险所用的船只。这艘船 1898 年被困于浮冰中，在别林斯高晋海（Bellingshausen Sea）的冰面上漂流了一年多。“贝尔基卡号”是第一艘在南极过冬的船只。这次经历并不愉快。多数船员之间充斥着无聊、多疑、绝望，冲突四起。他们还未冲破浮冰困境返回南美时，船上就已有 1 人淹死，3 人精神失常。

沙克尔顿决心不再重蹈“贝尔基卡号”船员的覆辙，他把团队协作视为事关“坚韧号”船员生死存亡的大事，将妥善处理冲突视为自己最重要的领导任务。在这方面，沙克尔顿一如既往地以身作则，树立良好榜样。他知道探险队员身处拥挤的空间里，身心都遭受巨大的压力，紧张和冲突在所难免。作为探险队的领导者，他必须树立良好的榜样，妥善处理这些冲突。

沙克尔顿并非没有脾气，相反，大家都知道他是个急性子。但是，他能做到让自己保持镇定，退后一步审视困境，帮助队员找到出路。尤其是在队员们压力巨大或不知所措的时候更是如此。这些时候沙克尔顿“好像放下了自己的情绪，并伸出安慰之手”。

沙克尔顿还鼓励队员有任何矛盾就告知他，这样一来团队里出现任何冲突或团队观念遭到破坏，他就能及时了解。就拿探险的前几个月来说，沃德-利斯与船上其他人有过几次冲突。他是曾在军营里生活过一段时间的几个人之一，还继续遵循着许多在服兵役期间的规范。

这往往会引起矛盾。有一次，当沃德-利斯担当相当于杂货店店主的职责时，他向一名领走亨氏酸辣酱的水手索要收据。在皇家海军里索要收据很正常，但沃德-利斯的这种行为却触怒了他的队友，这名水手于是向沙克尔顿抱怨。沃德-利斯的日记中写道：“沙克尔顿说这是与海上贸易精神相悖的，他这么说倒是很友善，但我能察觉到他不高兴。”

沙克尔顿利用类似的时机向大家说明哪些行为可取，哪些不可取。他非常积极主动地化解冲突，这样一来，队员就不会分心，也不会浪费宝贵的精力。另外，将问题及早解决可以防止其发展为更大的隐患。

尽管沙克尔顿如此重视，矛盾有时还是会激化。最严重的一次是在探险第一年的 7 月“坚韧号”被困海冰中的时候。约翰·文森特——一名能干的海员，也是公认的恶霸，开始与其他几名船员发生口角，用赫尔利的话说，文森特开始对其他人“骂娘”，还殴打他们。沙克尔顿听到风声后明确表示，绝对不容忍这种事情在他的领导范围内发生，文森特被降职，之后再没出现任何肢体暴力冲突的行为。

也许是这件发生在探险前期的事情让沙克尔顿更加坚信，人们需要经常释放压力及其他不良情绪，这种释放如果不是每小时一次，至少要每天一次。一天中小矛盾层出不穷：风从哪个方向吹来，船在前一星期行驶了多远，这些都是争执的问题。谁若是在离开拥挤的帐篷时踩到了另一个人，少不了遭到一顿严厉的呵斥。半夜出去解手忘记关掉帐篷门的人也势必挨一阵唠叨。要是谁把雪碰到别人的鞋子里，或者是没有做好日常事务，人们也会这样那样地责备他。将小矛盾尽早解决的传统，并不仅仅有赖于沙克尔顿的高超领导力，弗兰克·瓦尔德在大象岛上负责领导探险队时也延续了这一作风。实际上，瓦尔德有着非凡的领导力，知道如何协调他所领导的团队中的矛盾。

> 人们打心眼里厌烦了周围相同的面孔，对于他们而言，形形色色潜伏的冲突是家常便饭。每个人都曾因为身边的人侵占了自己的空间而与之发生冲突。瓦尔德会让人们释放不满情绪，眼看他们即将开骂时，他以强硬又不失令人信服的手段缓解气氛。

于是，“坚韧号”的日常生活就充满了源源不断的小争执和小分歧。有时人们对这些小问题一笑了之，有时则不然。但团队中几乎不会有敌对情绪或严重的矛盾。这样将小矛盾及时化解的风气使人们之间的冲突得到平息，避免问题积累恶化。换句话说，一系列轻微的小震动可以预防一场大动荡。

对领导者的启示

冲突在任何组织中都普遍存在，在那些挑战绩效极限的组织中更是如此。我们面临的挑战不是如何消除冲突，而是如何采取行之有效的办法处理冲突，加强团队成员之间的凝聚力。

具有讽刺意味的是，在当今的企业文化里强调团队协作反而有可能加剧地下冲突。在这样隐秘的情形下，若将问题置之不顾，就可能会酿成紧张局势。例如，你是否经常参加“一团和气”的会议，会议结束时人人都面带笑容，但之后在走廊和洗手间却能听到人们讨论“真正”的问题？又或者，你是否见过人们不顾意见分歧，勉强达成不冷不热的妥协，却没有人真正支持妥协结果？

冲突、愤怒和负面情绪需要直接地、循序渐进地加以处理，这有几方面的原因。首先，冲突如果不发泄出来，就意味着人们没有真正地直面问题；其次，冲突如果没有直接发泄，就会以其他不良的方式显现。人们会因为无关紧要的问题发生争执，并有意无意地伤害其他队员；最后，与极地求生的情况一样，冲突如果不及时发泄和解决，就可能会升级失控，造成灾难性商业后果。

处理好冲突固然重要，但对于许多领导者而言，及时有效地处理矛盾分歧却是困难重重。他们迫切希望促进团队和谐，但也因此被蒙蔽双眼。

对于棘手的问题，其他方面很有一套的高管们却选择回避，有的则不能营造让人们可以自由表达冲突思想的氛围。

也许促进良性冲突的第一步是要明白并真正地将之铭记于心——冲突与关怀并非相互排斥。沙克尔顿的船员在激烈的争论中仍相互分享他们的牛奶，这一非凡的例子生动说明了这一点。

处理冲突的第二步是营造一个有效的环境，鼓励团队成员表达他们之间的分歧，并明确亟待解决的潜在问题。我发现一种方法能非常有效地达到此目的，这种方法有个不寻常的来源。

若干年前，第一次开始与高层领导团队打交道时，我发现很难让领导团队直面敏感问题，而这会影响他们的绩效。当时我在耶鲁大学教学，在课程中我用了一个“家庭系统模式”作为视角来观察组织动态。

通过这种方式，我将组织视为家庭进行分析，看看这个角度的观察会带来哪些启示。我明白组织并非真正的家庭，但我认为这个比喻可能会对研究组织动态提供一个新视角，这可以帮助解释为什么组织里一直存在妨碍人们进行理性分析的问题。不论怎样，没有人认为家庭是理性的！

“家庭系统模式”理论中被证实特别有价值的一个方面是“家庭秘密”的概念。家庭秘密是与情感相关的、禁忌的问题。在家庭生活中，这些问题大多关于嗑药、嗜酒、婚姻矛盾，以及各种个人品质。大部分家庭成员都知道这些“秘密”，但谁都不会公开谈论这些禁忌问题。一旦谈话开始转向这些秘密，人们的焦虑就明显增加。

我所接触的管理团队处理敏感问题的方式与家庭回避秘密的方式如出一辙，所以我决定尝试一项实验，将这些团队的禁忌问题当做家庭秘密来处理。接下来的难题是如何使问题浮出水面。

家庭系统治疗师使用大量的图像来表示秘密，但其中似乎没什么比喻适用于组织环境。经过一番思考，我选择了一个自认为适合的比喻——“桌上的麋鹿”。在我看来，一只坐在桌子中间阻碍人们交流的庞大的、毛茸茸的、笨拙的麋鹿形象，将组织避免谈及的问题表现得淋漓尽致。麋鹿虽体积庞大，却是十分愚蠢的动物，它会添加幽默元素，缓解原本紧张的局势。

虽然有些惴惴不安，但我开始在咨询工作中使用“桌上的麋鹿”这一比喻。虽然最初这一比喻让很多人大为诧异，但我随后惊奇地发现，麋鹿的比喻可以使人们开始面对许多他们曾长期忽视的问题。例如，在一家重要的技术组织中，首席执行官和他的高管团队竭尽全力想要成功开展一些新业务，却事与愿违。他们知道这是一个根本性问题，却不清楚这问题为什么一直不能解决。

为了解开这个谜题，我提出了家庭系统模式，并搞了一个“麋鹿显现”（讨论组织中人们避讳的问题）。结果让人大跌眼镜。团队最后报告中的“麋鹿名清单”包括以下问题：

- 对于每个新产品，我们都认为它必须是一个本垒打，必须达到我们第一次成功那样高度的成就。
- 实际上，我们正沦为一个避讳技术的公司。
- 收入计划支配了我们资源分配和决策过程。
- 我们已逐渐容忍平庸。
- 我们正在寻觅一款“神奇产品”以拯救公司。
- 我们没有真正强大的市场竞争力。
- 我们的经营计划周期不够灵活，未能及时对新的业务尝试做出反应。

我将报告（见图 7-1）和一个毛绒麋鹿一同递交给首席执行官，他微笑着收下了。这些结论也许不是他很高兴看到的，但他知道，这些问题一旦被确定，就会一步一步得到攻克和解决。

新业务尝试为何失败

图 7-1　桌上的麋鹿

在过去几年里，我和同事用“桌上的麋鹿”这一概念来评估世界各地的公司。有时我们也需要其他替代动物，例如，在亚洲的公司我们曾用“桌上的水牛”做比喻。然而，无论何种形式，这样的比喻一直成功地将冲突公之于众，而冲突，原本就该公之于众。

为什么麋鹿的比喻如此行之有效？我认为这丑陋的动物有几方面很合适。第一，它为人们公开讨论冲突提供依托和效果，并为这种做法创造了通用的说辞。“本着麋鹿的精神，我想说……”成为人们常挂在嘴边的一句话。第二，漫画形象使那些可能造成紧张和分裂的问题变得不那么尖锐。第三，将问题视为麋鹿可以使人拉开心理差距。它将内部冲突重新定义为要解决的外部问题。一旦冲突成为共同面对的问题，团队成员就可以一同寻找解决办法。

包容异己

“坚韧号”的探险队员在船上度过无数个小时，日复一日，他们在拥挤的帐篷里时而睡觉，时而谈话，以避开恶劣天气，打发时间。沙克尔顿知道，这些拥挤的空间可能会滋生不满情绪，他也敏锐地认识到船员的个性和需求各有差异，有了这样的意识，沙克尔顿就能有效地将船员之间破坏性的冲突最小化。

沙克尔顿认真了解每个人，当他自己或其他人表现得有点过分时，他似乎都能察觉到。外科医生麦卡林将沙克尔顿描述为：他会询问你一些琐事，如“你情况怎么样……”这类事情。有时，你会觉得他或许有点不留情面，对你过分了点，而这时他又似乎很有办法，会运用一些亲热的寒暄消除任何不好的影响。沙克尔顿清楚地认识到，受到伤害的情感要立即处理，这样才能防止愤怒或怨恨产生。

在选择探险成员及“坚韧号”探险的早期过程中，沙克尔顿搞清了哪些人的态度或行为可能对团队的士气造成不良影响，或对他的领导构成挑战。他并没有限制自己与这些人的接触，相反，他将这些人更加拉近到自己的领导范围中。

例如，摄影师弗兰克·赫尔利总是希望别人将他视为本团队的领导者之一。一旦觉得自己没有得到应有的关注，他就变得咄咄逼人，难以相处。赫尔利希望得到他人认可的需要为他在沙克尔顿的帐篷里赢得了一席之地，沙克尔顿做关键决定时会征求他的意见。在赫尔利看来，这种行为确保了自己在团队中的突出地位，而这有助于确保他对沙克尔顿领导的支持。

沙克尔顿同样意识到到其他人选的价值。因为担心其他人把物理学家雷金纳德·詹姆斯的“孤僻的学术方式”当做笑柄，沙克尔顿选择睡在他的上铺。沙克尔顿不想让他遭受过多的嘲笑，生怕这会升级为全面爆发的冲突。

当沙克尔顿不得不选一些船员乘坐无遮蔽的救生船从大象岛往南乔治亚岛航行时，他同样注重不让容易惹是生非者与身心俱疲的队员充分接触。沙克尔顿认为，在木制的救生船上，麦克尼什的木工技能非常宝贵，但他要麦克尼什陪同他前行的另一个原因是：沙克尔顿担心如果麦克尼什留下来有可能惹其他人不满。

他还选择了文森特同行。文森特是赫赫有名的恶霸，沙克尔顿想还是带他离开为好，不让他给弗兰克·瓦尔德制造麻烦。沙克尔顿还挑选了克里恩，他不大配合团队协作，而且还有可能给岛上孤立无援的留守队员带来麻烦。

现在回想起来，沙克尔顿的先见之明及他乐意包容异己的行为是相当惊人的。当他需要挑选一班人马去应对他必须面临的最严酷的挑战——航行到南乔治亚岛时，他挑选的人一半以上都有可能给他带来麻烦。然而，沙克尔顿愿意继续与这些性格古怪的人保持密切接触，这无疑缓解了发生在大象岛上的冲突，也帮助瓦尔德完成了一项艰巨的任务：让留在大象岛上的船员保持士气。

对领导者的启示

在困难的领导环境下，我们往往会忽视或孤立那些行为不当、善于挑起事端的人，这种反应虽然可以理解，却是错误的。它只会给问题创造更多的恶化空间，而排斥异己归根结底对组织有害。无论多么不情愿，更积极的回应要求我们采取相反的措施：

- 找出团队中可能会削弱你领导力的人。
- 积极主动与惹事者保持密切接触。
- 想方设法尽量减少他们的行为带来的负面影响。
- 确保这些人在某种程度上参与决策过程。
- 尊重每个人，包括异己，即使他们与你为敌。
- 乐意设定行为规范，并明确表示这对领导者和被领导者同样适用。不当、粗鲁或以强凌弱的行为都不能容忍。
- 切勿诋毁反对者，仅与最亲密的顾问讨论你对他人的个人看法。

如果领导者能积极正确对待有可能成为异己的人，就可以避免未来道路上出现敌对者。

在某公司，两个人同样胜任首席执行官的工作。其中一人得到了这份工作，另一人成为首席运营官。为了避免无谓的冲突，首席执行官决定与他分享风头，要求在公众场合他们共同露面，包括所有照片和公司会议。这强化了他们作为一个团队的意识，而这样做也包含了对首席运营官为推进企业成功所做贡献的肯定。对于首席运营官而言，这是强大的激励因素。通过这些努力，原本可能发生的灾难变成相辅相成的和谐关系，他们携手共同领导公司，创建了新的组织文化，建立了牢固的友谊，并创建了一个激动人心的新公司。

避免无谓的权力斗争

1915 年 12 月，“坚韧号”探险队员从南佐治亚出发一年多后，人们仍然感到救援无望，征程结束也遥遥无期。沙克尔顿能感觉到队员士气大跌。他曾经听人抱怨，由于船被摧毁，他们又不能完成使命，所以大家都不会得到报酬。有人开始认为，他们忍受种种折磨，最后却只会一无所获。想到那些依靠他们收入生活的家人的安全问题，他们感到忧心忡忡。

沙克尔顿意识到，他必须采取行动。他不能让队员继续自怜，沉溺在愤怒和沮丧里。因此他决定，他们将第二次在浮冰上行进，争取踏上陆地。12 月 22 日，他们早早地庆祝了圣诞节，人们想吃多少就吃多少，因为他们要补充能量，准备前进的征途。第二天早上 4:30，他们出发了。

和之前一样，两支 15 人组成的队伍各拉着 1 000 多磅的救生船和雪橇前行。与此前的 3 个月一样，湿软的雪堆一直没到膝盖。他们的进展奇慢，平均每天只向前推进两英里。行程 4 天后，麦克尼什决定放弃前行，疲惫、饥饿、恶劣天气已让他濒临崩溃。

沃斯利下令麦克尼什拿起他那部分的绳子。麦克尼什拒绝了，并争辩说这次行程无济于事。沃斯利自己已经精疲力竭，于是让沙克尔顿帮忙。此时沙克尔顿正面对愤怒而沮丧的木匠麦克尼什。麦克尼什说，他们不想在浮冰上行进，因为他们永远无法走完要走的路程，到达目的地。

麦克尼什喋喋不休时，沙克尔顿静静地站着。木匠（麦克尼什）随后宣布，他不必服从任何命令，因为探险队的条约对他无效。他说他不再有义务服从命令，因为他签署的条约“在船上”才适用，而此时他们已经不在“坚韧号”探险船上。

所有的船员第一次目睹有人真正地挑战领导者的权威。沙克尔顿转身背向麦克尼什，走开了。他知道，他无法与这位失去理智的木匠理论，也不想浪费精力做无谓的争论。沙克尔顿只是让木匠一个人站在雪地里——给他时间来清醒头脑。权衡轻重后，麦克尼什在征程重新开始时又站在了雪橇的后面。一个人的叛变就此平息，没有进一步的冲突。

对领导者的启示

要确定哪些争斗值得参与，哪些不值得，这至关重要。对于值得参与的争斗，人们应动用所有可用的资源加以消解，对任务无关紧要的争斗则应随它去。

如果问题不能立即解决，你可以像沙克尔顿那样，在可以对情况进行实际的分析之前，选择让你的“麦克尼什”留在雪地里。最好是等到准备充分之后再决定，不要草率做出回应，使情况进一步恶化。

尤其重要的是，要避免造成让人们感到绝望的情况，这会导致冲突激化，因为人们看不到出路。罗马将军西皮奥建议给对手一个“黄金桥梁”，也就是一条退路，他认为对手若没有退路，就会极其凶猛地争斗。

西皮奥的格言对于非军事情况同样适用。一座黄金桥梁解决了汤姆、伊丽莎白和帕特里克 3 位同事之间的业务冲突，3 人经常因为伙伴关系恶化而发生争吵。他们希望用深厚的友谊维持一项有利可图的业务，但经过几个月试图重振公司的努力后，他们却发现彼此之间的分歧无法解决，他们的愿望没有实现。

帕特里克觉得特别委屈，觉得自己被甩了。他于是做出回应，向汤姆和伊丽莎白提出金钱补偿，而汤姆和伊丽莎白认为补偿是无理要求。他们请律师出面解决问题，3 个人的职业生涯都停滞不前。最后，伊丽莎白想出了一个主意。

他们 3 人都在公司做了初始投资，合伙的银行账户中的余额包括这些投资，还有一笔小小的额外款项。伊丽莎白建议每个合伙人收回各自的初始投资，剩余资金归帕特里克所有。虽然剩下的金额只有几百美元，但帕特里克接受了建议。这提供了一座黄金桥梁，帮助大家结束僵局。3 个合伙人避免了无谓的的权力争斗，继续他们的生活。

探险日志

1. 在你所在的组织中，有关冲突的常规做法是什么？人们交流的开放水平如何？团队成员是公开发表意见、直接处理问题，还是以间接或被动的方式使冲突恶化？

2. 你可以做些怎样的改变，从而有效且循序渐进地处理自己的愤怒情绪？

3. 组织中有多少麋鹿？是否存在会影响绩效但从未被讨论的禁忌问题？考虑搞一次“麋鹿显现”，或以其他积极主动的方式发起一场对禁忌问题的讨论。

4. 应对惹是生非者、持怀疑态度者和反对者，你有什么独特妙方？你是包容他们还是将他们拒之千里？你有没有可以拉入你的“帐篷”并让他有效参与的异议者？

5. 你或其他人是否会参与无谓的权力争斗？你是否碰到过类似“雪地里的麦克尼什”的人？如果有，你如何在不牺牲权威和领导地位的前提下继续推动探险进程？

第 8 章

学会放松

策略八：

找到开心事情来庆祝，找到有趣的事情来逗乐。

在极地区域，太阳的消失很易使人沮丧，数月黯然无光的时间会让人身心备感压力。但“坚韧号”探险队员并没有丧失他们向来乐观的心态，晚上的音乐会让“丽兹酒店”热热闹闹，其乐融融，与外面冷清安静的世界形成了鲜明对比。

——欧内斯特·沙克尔顿

本章介绍的领导力策略包含的行为也许是绝境领导力十项策略中最有违直觉的。在压力重重的环境下，生活艰辛困苦，人们最不可能想到的就是找些喜事庆祝一番。在生命危在旦夕的情况下，大笑是不自然的行为；

在严峻的商业环境中，幽默则显得轻浮、不合时宜且格格不入。

然而，在极端压力下若能放宽心态、苦中作乐，就会使情况大不一样。它可以打破消沉，激发创造力；可以使人们退后一步海阔天空，在心理上少受烦恼困扰；可以减少恐惧和紧张；它可以使团队重新集中精力、重整旗鼓、排除万难。

本章将叙述乐观的行为方式对沙克尔顿的探险传奇和其他探险经历的影响，同时也阐明有能力的领导者如何运用这些行为方式促成事业成功。最重要的是，本章将表明，在极端困境中庆祝和幽默并非多余，也不奢侈，反而不可或缺。

找些喜事庆祝

从一开始，沙克尔顿的探险队就带着一种庆祝的氛围，这种氛围一直伴随着整个团队，激发了队员积极的情绪和生活态度，使他们即使在最严峻的时期也能撑过去。

如第 3 章所述，这种庆祝的气氛使人们更加开朗乐观，但并非简简单单的积极乐观。它还反映沙克尔顿领导的复杂性。在塑造团队文化时，他既能做到深思熟虑，又能做到热情洋溢。

沙克尔顿会抓住任何理由，甚至有些颇为牵强，来找些喜事庆祝一番。例如，1915 年 5 月 24 日，他们庆祝了帝国日，这本是为激发英国儿童爱国情操而设的节日。为了庆祝帝国日，“坚韧号”的队员在“丽兹酒店”上唱起了歌，借机歌颂他们的祖国。

后来，还在“坚韧号”上时，沙克尔顿为了继续保持活跃氛围，发起举行了一次狗拉雪橇比赛。夜幕降临时的比赛里，人们拿着巧克力香烟下重注，处处充满了喜悦和欢声笑语。在接下来一周的 6 月 22 日，他们庆祝了冬至日。这次庆祝给物理学家雷金纳德 · 詹姆斯一个机会，他借冯 · 叔本华 · 赫尔撰写的搞笑文章《论卡路里》（*Dissertation on the Calorie*）来显示他“机智但实质上令人摸不着头脑”的表演能力。

在探险早期，日子还没那么糟糕，人们很容易找到喜事庆祝。随后在最黑暗的日子里，欢庆仪式本可能会轻易使人变得极度绝望，但“坚韧号”探险队员依然保持着乐观精神，这才是最令人钦佩的。

1915 年 12 月 5 日，时隔探险队离开文明社会整整一周年。两个月前船被撞毁，他们在浮冰上勉强维持着艰难的生活。按原计划，他们此刻应该已经返航回家，所以这个周年日可能让他们想到自己的困境，从而心生忧虑。

沙克尔顿意识到这一天的意义，也知道人们可能会失落，于是决定采取积极措施。他引用了一个格言“既来之，则安之”，并宣布放一天假庆祝他们离开南乔治亚岛一周年，于是，本来可能抑郁的一天变得喜庆起来。

后来他们再次露营，生活条件每况愈下。食物实在太稀缺，人们不得不从浮冰中挖起被抛弃的海豹头和鳍足，迫切希望能取到一丁点鱼油。他们几乎食不果腹，只能吃捕获到的为数不多的企鹅和海豹。所有的羊脂都已用尽，因此新搞到的肉都只能用腥臭的海豹油煎炸。

这段时间并没有什么需要庆祝的，但沙克尔顿仍会找到一些事情庆祝：

> （1916 年）2 月 29 日闰年日，我们举行了一个特殊的庆祝活动，不为别的，只为让人们高兴起来……我们的可可用光了，于是水或偶尔的几杯淡牛奶就成了我们唯一的饮料。

探险的生活条件不断恶化，但对庆祝的执着没有改变。1916 年 6 月，留守的探险队员仍生活在荒凉的大象岛上。布莱克伯罗的一只脚在之前无遮蔽的救生船之行中已被冻伤，当时伤势仍在恶化，显然他需要动手术才能保住性命。于是麦卡林和另一名外科医生詹姆斯·麦克罗伊开始了准备工作。

他们烧了一堆企鹅皮，热量让氯仿蒸发，当做麻醉剂。麦克罗伊解下布莱克伯罗脚上的绷带，然后一一切断他球窝关节上生坏疽的脚趾。在长达 55 分钟的手术结束之际，布莱克伯罗睁开了眼睛，微微一笑，开口要一支香烟，外科医生从大不列颠百科全书上撕下一页纸给他卷了一支。

日子已经不像探险初期那样充满希望，充满乐趣。这时生命处于最恶劣、最艰难、最可怕的极限中。然而，一周之后，人们再一次庆祝冬至日，这次人们喝了用坚果布丁、饼干、口粮和奶粉拌成的饮料来庆祝。

令人惊讶的是，这些漂流者还能振奋精神举办一场包含 26 个节目的演出，其中有诗歌、音乐。虽然观众是躺在睡袋里，但节目的气氛仍然很热闹。赫西弹奏了班卓琴，詹姆斯也唱了一首诙谐的歌曲调侃弗兰克·瓦尔德和他们简陋的生活条件。

庆祝活动结束时，人们举杯为沙克尔顿和“詹姆斯·凯尔德号”的队员们敬酒，随后奉上唯一可用的酒：肠腐（Gut Rot），1916 年。这酒是用烧酒、水、姜和糖制成的，与唐培里侬（Dom Perigon）这样的美酒远不能比，但却起着相同的作用。他们一起庆祝，打破了等待救援的漫长单调的生活。沙克尔顿似乎天生就会运用庆祝活动和仪式来增强团队士气。但令人惊讶的是，许多领导人不明白庆祝的重要性，或者不会妥善举行庆祝，这样不但不会鼓舞团队精神，反而使团队士气低落。

“卡勒克号”的探险经历就有许多领导失败的例子。例如，探险船淹没的时候，队长巴特利特就沉浸在独特又古怪的庆祝仪式中。虽然其余的船员眼看救船无望，都已经弃船而去，但巴特利特依然守在船上。他在厨房炉灶里生起了熊熊大火，然后把船上所有的唱片一张张播放。每张唱片播放完毕，他就把它放到厨房的火堆里，但留了一张。当时他放了肖邦的葬礼进行曲，然后将它放在一边，留着最后播放。

最后，终于到了尽头，水已经漫到“卡勒克号”甲板上：

> 巴特利特队长将葬礼进行曲放到留声机上播放。水沿着甲板右舷倾泻而下，冲到舱口，他守在栏杆边，一直等到栏杆降到冰面，然后他迈开步子下船……加拿大蓝色舰帜迎风飘扬，最后沉入水中。巴特利特队长神情凝重地站在船边，一直等到它被淹没。

“卡勒克号”在肖邦葬礼进行曲的旋律中沉入水底，这样的景象无疑满足了巴特利特的一些需要。但还有 22 名男子、1 位妇女、16 条狗和 1 只猫目睹了葬礼。这悲惨的场景对他们的影响可想而知。这不像是一个会带来希望、信心和士气的庆祝仪式。

对领导者的启示

卓越的领导者会想方设法将庆祝融入团队文化中。加强团队凝聚力的方法有很多，举行庆祝的理由同样也很多。我曾与这样的团队接触过，他们会为诸如升职，雇员找到合作伙伴，部门完成销售目标这样的公事，或诸如生日和订婚等私事而庆祝。

公司可以举办一些庆祝活动，表达对员工的认可。大至每年精心安排的假日，小至每月半小时围在一起吃生日蛋糕的聚会。出于更亲近的交流，团队成员可以向同事送感谢卡，感谢其为项目做出的特殊贡献。

一些企业已经确立了奖励制度。例如，设立小信箱供员工推选出获得月奖的同事。月末，部门领导会从信箱中选出 3 个人名，并公开感谢这些员工的贡献。

一家公司的营销研究部门会利用每年一次的策划会议和年中会议为员工颁发个性化奖项。例如，一名参与竞聘并获得自己首个重要歌剧角色的员工获得了“耀眼女神”奖，奖品是一枚印有她名字的闪闪发光的星星，用来贴在她化妆室的门上。一位经常援救同事的雇员获得了“生命救星”奖，奖品包括鲜花和“生命救星”糖果。其他奖项也以类似的形式颁布。

这些奖项虽不昂贵，但发自内心，充满了幽默和真诚，显然是人们精心挑选和准备的。部门领导亲手制作了“耀眼女神”星星。在制作过程中，她家里铺满了星星，她开玩笑说：“这可是冒着家庭纠纷的风险做的呢。”显然，这些奖项虽然简单，却体贴周到，具有特殊意义，这才是关键所在。

以下公司庆祝方式的列表，是基于一份对在不同公司工作的朋友和同事的调查。你还可以询问自己的同事，对此列表做出补充：

- 我们会举办季度性活动，以激励和鼓舞团队为下一个季度做好准备，并庆祝上一个季度所取得的成就。我们曾举办过“星期五节”，还曾搞过“螃蟹盛宴”，共享马里兰湾螃蟹。我们试图把庆祝办成主题晚宴，以庆贺我们多样的喜事。
- 我们会庆祝一个季度的结束、审计结束和员工的工作周年纪念日。
- 我们庆祝的事由有：获新项目奖、年度增长、员工加入公司、婴儿洗礼、工作周年纪念日、生日、升职、部门转移，以及员工为群体做的努力。
- 我们庆祝实习生转正、年度升职日。有人成为合伙人时，我们所有人都喝香槟庆祝。

找些快乐的事情

沙克尔顿和瓦尔德用专门的时间搞一些特殊的庆祝活动，但幽默、戏谑和欢快贯穿了探险的整个过程。特别是沙克尔顿，他费尽心力，以确保团队成员在那样的环境下能尽可能保持轻松愉快的心情。

沙克尔顿以一个夸张的手势将金币抛到雪地里（在第 2 章有全面详细的描述），强调他们在雪橇行程中极有必要摆脱不必要的负重。然而，这位领导者还有一个令人出乎意料的举动：他返回“坚韧号”残骸，找回赫西珍爱的“锦瑟班卓琴”。他把这 12 磅重的乐器交给了赫西，赫西回忆了当时的情景。

> “这挺重的啊，”我疑惑地说道，“你觉得我们应该带着它吗？”
>
> “对，当然，”队长很快回答道，“它是重要的精神食粮，我们会需要它的。”

沙克尔顿的决定是正确的，班卓琴对探险队继续保持积极的士气大有裨益。虽然赫西只会弹奏几首曲子，确切地说是 6 首，但许多个夜晚，人们都是在班卓琴“愉快的弹拨声”中度过的。

除了赫西的音乐，还有一种令人喜爱的消遣形式——和善的玩笑。弗兰克·沃斯利船长回忆：

> 赫西是机智风趣的人，他总能给人以敏锐的对答，增添我们为数不多的乐趣。我们常常合伙嘲笑他，就是想听到他聪明的反驳，开开心。不管我们有多少人，我们最后总说不过他。在浮冰

上，任何小小的消遣都令人非常愉快，这也许远非生活在文明社会的人可以想象的。

赫西不是唯一一个活跃气氛的人。大副格林史屈也是个能四处“鬼混”只为一笑的人。当然还有模仿秀。模仿秀是最受欢迎的娱乐形式，它能让人放松心情，同时缓和紧张关系和地下冲突。团队中几个较令人生厌的队员常常就是这些简短模仿秀的对象。

例如，沃德-利斯有一个习惯，就是有些太迫切想取悦沙克尔顿。因此，外科医生麦克罗伊借机模仿他俩的对话，沃德-利斯在日记中描述了这个模仿秀。

“好的，先生；哦，当然可以，先生；沙丁鱼，先生；好的，先生给您（冲到储藏室再回来）；还有面包，先生；哦，好的，先生；面包，先生……”（再次冲到储藏室，并表现得更加卑躬屈膝……）“我给您擦擦靴子吧，先生。”

玩笑和模仿秀打破了单调，而幽默也帮助队员挺过了最黑暗的危机时刻。失去“坚韧号”是探险过程中最令人情绪低落、最令人泄气的一件事。当探索船终于无法承受浮冰的巨大压力时，沙克尔顿下令所有的队员转移到浮冰上。他们在船边走过时，沙克尔顿转身和沃德-利斯有如下对话。

“我们这次可是挨了当头一棒啊，对吧？”

“哦，不，我不这么认为，”[沃德-利斯]斗胆说道，“要不是这样，你要写书还没有什么可写的呢。”

“天哪，没准你说的也许是对的呢。”[沙克尔顿]回答道。

这时大家都笑了。

在华盛顿特区与一位海军军官的谈话使我再次发现，幽默是一种应对逆境持续有效的工具。当时我向时任海军部长的约翰·道尔顿介绍沙克尔顿的故事和那时总结出的十个卓越领导策略。介绍会在五角大楼举行，参加会议的有一些部长的手下，他们其中许多人亲身经历过生死考验。

我的介绍结束后，大家进行了讨论。讨论非常有启发性，扩大了我对十个卓越领导策略的理解。后来，一名带着飞行员徽章的海军军官向我走来，对我说他很喜欢我的介绍，并问我是否听说过“古罗马长袍派对”。

我想起了约翰·贝鲁西主演的电影《动物之家》中的“古罗马长袍派对”。这种派对在海军学院是明令禁止的，所以我没有亲身经历过。然而，这位军官的话让我想起了喜剧演员约翰·贝鲁西身上只裹着床单，面带调皮笑容主办“古罗马长袍派对”的生动形象。所以，我很清楚他在说什么，但这与领导力有何关系我完全不清楚。

但当他告诉我“阿尔法狐步 586 号”的故事后，我明白了他的意思。“阿尔法狐步 586 号”是一架海军巡逻飞机，1978 年 10 月 26 日飞离阿拉斯加州的阿达克市。这架四引擎涡轮螺旋桨飞机载着 15 名机组人员，进行例行的远洋监视和反潜飞行。飞行原本可以平安无事，但飞机却在海上迫降，人们命悬一线。他们的境遇虽然极端艰险，却阐明了一条绝境领导力策略。

在五角大楼与那位军官谈话之后，我便收集了所有可搜到的关于此次坠机的信息。我阅读了美国海军事故报告，并找到了其他一些书面材料，包括“巡逻中队九号”的网页，还与参加此次坠机救援行动的人员和幸存者通信。最后终于能将“古罗马长袍派对”和危情中的领导力联系起来了。

海军巡逻飞机飞越北太平洋时，天气恶化，风力加强，但飞机左翼螺旋桨的状况更令人担忧。引擎运行不正常，被关掉，但 1 200 磅重的螺旋桨的旋转速度开始加快，从正常的 103.5%提到 110%，再到 120%，最后达到最高记录 129.5%。眼看螺旋桨就要脱离底板，造成巨大破坏。如果这种情况发生，结果必将是一次致命性坠机，机上所有人员将无一生还。

飞行员杰里·格雷斯比将飞机往上攀升，设法让螺旋桨的旋转速度慢下来。但在 1 100 英尺的高空，它的速度仍然太快。随后，发动机毫无先兆地起火，松动的螺旋桨失控了。

飞行工程师哈罗德·布奇·米勒用消防泡沫把火扑灭，但这几乎耗尽了有限的消防泡沫。接下来势必还会起火，形势十分严峻。他们现在离阿达克 800 英里，根本没办法从那里获得帮助，谢米亚岛上的空军基地则在 337 英里外，破损的飞机离他们还遥远得很。

格雷斯比料到飞机即将爆炸，于是把飞机下降到 1 000 英尺的高度。这时火警警报再次响起。米勒用最后的消防泡沫把火扑灭。格雷斯比继续将飞机下降到 500 英尺高度，艰难地向谢米亚岛方向飞行。

机上乘员做了最坏的打算，纷纷穿上救生背心和水上救生服。火警警报突然再次响起，残破的引擎冒着浓烟，飞行战术协调员马特·吉本斯用无线电传送了飞机的坐标，并说："这是（阿尔法）586 号。完毕。"

随着无线电发送结束，格雷斯比将飞机降落在北太平洋 25 英尺高的寒冷巨浪中。飞机跌落时，右侧机翼折断，油箱破裂，引擎爆炸，冒着团团浓烟，机身裂开，水往里涌，飞机下沉。

在这次发出刺耳轰隆声的坠机中，许多机组人员被掩埋在残骸中，有的被困在机身碎片中。但雷达手成功推出了一大一小两艇救生筏。格雷斯比留在飞机上数着他的机组成员，直到确定每个人都已成功逃出，他才向大救生筏游去。

格雷斯比努力了许多次，还是未能游到大救生筏边，险些被巨浪淹没。接着，他试图游向第二艇救生筏，当他离筏已不到 25 英尺时，筏上的人向他抛来最后的希望——一根拴在紧急无线电设备上的绳子。绳子还差几英尺长，格雷斯比没能抓到绳子，消失在人们的视线中。

4 个人蜷缩在大救生筏上——这筏核定可载 12 人。而可载 7 人的小筏上却挤着 9 个人。小筏子没有篷布覆盖，漂泊在冰冷海洋的骇浪里。他们拼命用金属救生毯往外舀水时，却无意间打开了一个空气阀。

谢米亚岛派出的飞机在搜寻生还者时，救生筏在波涛汹涌的大海上无助地飘着。天气严寒，还下着大雨，这些人又晕船，又有点休克，他们开始逐渐失去警觉，并失去协同。最后，在可载 7 人的小救生筏上，一名飞行员发现了一个严重问题：筏已漏气，正在慢慢下沉。

这个令人吃惊的发现让其他接近昏迷的人惊醒，他们开始疯狂寻找泄漏口。最后终于找到松开的阀，将它关闭。

几小时过去了，水漫进技术员加里·亨默破裂的救生服里，他开始慢慢合上眼睛。士官长加兰·谢泼德拍着亨默的头盔，一直拍到他清醒过来。水在筏边拍打着，之前为挽救格雷斯比而下到海水中的声纳浮标技术员詹姆斯·布朗纳也慢慢滑入拍打着救生筏的海水中，很快只有头部还能看见。大家把他拉起来，对他说话，拍打他，摇晃他。但所有人都快撑不住了。

在这个最严峻的时刻，关键的事情发生了。马特·吉本斯和导航员兼通讯员约翰·勃尔一直在用黑色幽默的调子谈论他们的困境。为了考验对方讽刺技术是否合格，吉本斯让勃尔描述飞机的电气系统。“被水淹了。”勃尔答道。吉本斯很快回道：“合格！”

这漫不经心的对话让人们追忆起在俄亥俄州立大学的一个美妙疯狂派对，想起约翰·贝鲁西裹着床单的形象。接着，人们齐声喊道：“长袍、长袍、长袍、长袍……”不知何故，从阴霾的绝望深渊里，喜剧演员在兄弟会上裹着床单的形象浮现在幸存者的脑海里。勃尔回忆说：“我们士气最低落的时候，‘长袍、长袍、长袍’成了我们筏上的解救咒语。”

开始时喊声很微弱，后来渐渐变大，它鼓舞着幸存者，就像贝鲁西鼓舞了他沮丧的兄弟们一样。幽默和决心奇怪地夹杂在一起，给这些人注入了最后一个生命元素，他们最终被苏联渔船营救。

此次事故中总共 5 人遇难。一名机组人员随飞机坠亡，另有 3 人爆炸时丧生，飞行员杰里·格雷斯比在海上溺亡。后来他被授予“杰出飞行十字勋章”，表彰他超越职责的非凡英雄气概和敬业精神 。

故事并没有一个好莱坞式的结局，但事故幸存者在 26 年后举行了一次重聚。这一次重聚被称为“26 日的第 26 个纪念日”，纪念他们在 10 月 26 日顺利逃生 26 周年。俄罗斯救援船的船长亚历山大·亚力斯维奇·阿尔布佐夫也以嘉宾身份参加了聚会。

丹尼斯·梅特是最先到达现场的救援飞机上的领航员兼通讯员，他说这次重聚是“为了纪念，也为了感谢阿尔布佐夫船长，以及空军、海岸警卫队和海军的救援。为了营救遇险人员，两国海员和飞行员将冷战抛到一边。”

最后，“阿尔法狐步 586 号”坠机事件中的 10 名幸存者将他们的获救归功于坚韧不拔的毅力、支援他们的同志，以及令人好笑的“古罗马长袍派对”的幽默精神。

对领导者的启示

幽默是最有效的领导工具之一。一些美国总统，如约翰·肯尼迪、罗纳德·里根，他们的政治观点大相径庭，却都能巧妙地运用幽默。尼克松也因为缺乏幽默而使其领导效力大打折扣，他经常表现得不苟言笑，心胸狭窄。

幽默有多种功能，这使其成为一种类似瑞士军刀的领导工具。真正善意而非伤人的玩笑可以加强人际关系。开玩笑可以打破单调的日常工作，有些工作难免单调无趣，笑可以营造宽松的氛围，激发创造力。幽默，甚至是黑色幽默，可以破解紧张、恐惧和焦虑。

西南航空公司的前首席执行官赫伯·凯莱赫就是深知幽默力量的领导者，他知道幽默可以帮助组织获得成功，激发最大赢利能力。在《疯狂！西南航空公司商业和个人成功的疯狂配方》（*Nuts! Southwest Airlines' Crazy Recipe for Business and Personal Success*）中，作者凯文和杰基·富莱格伯夫妇简要说明了凯莱赫的配方。

他提倡持放松嬉戏的态度。他首先倡导大家穿休闲服，或穿戴“好玩的东西”，目的是让人看起来轻松愉快。凯莱赫自己会在出席会议时打扮成猫王、巴顿将军或者电视节目中的人物。

《美国西南航空公司故事》（*Southwest Airlines Plane Tails*）是一份小报风格内部刊物，讲诉员工如何创新解决方案的故事，也刊登一些幽默诙谐的文章。

例如，其中一篇文章讨论了吃西南航空公司的花生的细微差别。

嬉闹感可以渗透到组织中，影响员工与客户，以及员工彼此之间交流的方式。“西南航空的幽默感指南”包括以下指导原则：

- 想想有趣的一面。寻找问题的另一面，让自己从愤慨不已变得谐趣欢乐。
- 采用嬉戏的态度。允许愚蠢或不墨守成规的思想和行为。
- 做第一个开口笑的人。在压力重重的情况下努力做第一个发现幽默的人。

- 开玩笑，但勿嘲笑。倡导健康、有益的幽默。
- 自嘲。工作要认真，但别把自己太当真。

看到此列表时我很震惊，这些指导原则多么符合沙克尔顿探险的规范啊！将近一个世纪过去了，这些方法依然有效。

探险日志

1. 你会庆祝团队的重要成就和收获吗？

2. 当“小成功”出现时，你会找机会庆祝吗？

3. 你如何塑造你所在组织的组织文化：冷酷而严肃，或是自然而有趣？

4. 你的手下是否感到自在，他们是否可以自如地在工作环境中找到幽默？如果不是，你如何促进轻松愉快的气氛？

5. 人们会用健康、有益的方式与他人开玩笑吗？

6. 当问题出现时，你会用幽默来化解紧张吗？

7. 你会自嘲吗？

第9章

勇冒风险

策略九：

临危不惧，勇于冒风险。

沙克尔顿是一个非常谨慎的人，真够矛盾的，说一位南极探险家性格谨慎，这听起来可能令人难以置信，但我得说，他确实是这样。他很勇敢，是我所见过的最勇敢的人，但他从来不是有勇无谋。必要时，他会承担最大的危险，无所畏惧，但他总是会用最慎重的方式处理问题，用最安全的方法行事。他因自己细致的声誉为荣，因此，他非常喜欢初次探险过程中大家给他起的绰号“谨慎的杰克”。

——弗兰克·沃斯利

我曾向一组保险业高管介绍我对绝境领导力的见解。这些高管中许多人是保险精算师，他们就本章的领导力策略提出了一些很有见地的问题。其中一人评价他们的行业，说这个行业里人们不大喜欢冒“大风险”。

然而，为冒险而冒险可不是本章的主题。承担不必要的风险就是逞能，这会危及组织的稳定性，甚至危及性命。显然，有时要按部就班，有些情况下要尽量减少风险。遗憾的是，有时人们选择的看似安全的途径实际上却很危险。本章将探讨风险的两个方面。

切勿冒无谓的风险

南极探险本来就免不了冒险。但是，令人难以置信的是，沙克尔顿一直约束自己，尽量避免不必要的风险，这种克制的例子数不胜数。

他严厉反对任何可能致命的疏忽。例如，“坚韧号”被毁后不久，麦卡林和格林史屈决定在一小块浮冰上一边滑冰一边捕猎海豹。两人一起愉快地滑冰，像在河上泛舟的大学生一样兴高采烈。后来，他们看见了沙克尔顿，马上就像“犯错的学生”一样立刻停止滑冰。回到营地时，两人看到沙克尔顿“难看的脸色”时心里就很清楚，这是他们最后一次鲁莽胡闹。

沙克尔顿的谨慎经历了一次又一次的考验。1916 年 3 月 9 日，再次露营后，他们已随浮冰向北漂了很远，队员们开始能感觉到开放水域的巨浪带来的轻微晃动。晃动让队员们不再无动于衷，他们想尽早开启救生船。两天后，浮冰破裂，出现了一大片开阔水域。他们准备开启救生船，但沙克尔顿犹豫了一下。他心里感觉应该谨慎一些，于是下令继续留在浮冰上。他选择相信自己的直觉，这是很明智的，因为后来浮冰很快就闭合了。

开启救生船的呼声与日俱增。1916 年 3 月 23 日，探险队员看见陆地——南极北端点时，呼声达到了顶点。探险队已经历了 5 个月单调的浮冰漂流，想到可能逃脱浮冰，整个营地的队员都异常兴奋。现在他们就有机会开始救生船之行，使他们最终能踏上陆地。

沙克尔顿和沃斯利爬到一个小冰丘顶部查看情形。他们用双筒望远镜扫视地平线，沃斯利提出了每个人心里迫切想问的问题：要尝试穿过浮冰吗？沃斯利这样描述接下来发生的事。

> （沙克尔顿）没有立即回答，但从他的表情中我可以看出，他不想说出让大家都扫兴的话。最后，他简短地说："不……我不能冒这样的险，在这里和陆地之间的潮汐和洋流影响下，浮冰可能会迅速裂开和闭合，救生船可能会被挤坏，我们可能会被冲开，很多事情可能发生。但是，如果再继续这样漂浮 200 英里左右，我们势必会漂到开阔水域，然后我们就可以抵达最近的捕鲸站。

沙克尔顿无法预见前路的危险。但他可以肯定的是，自从被困在浮冰开始，他已带领探险队安全前行了 2 000 英里，他不能轻举妄动，将探险队置于险境。

对于值得冒的风险毫不犹豫

在大象岛登陆给了探险队员短暂的喘息时间，但这只是一个临时避难所。任何寻找"坚韧号"队员的人都会猜想，他们在威德尔海南部某个地方，而远不是探险队当前的位置，所以留在大象岛上显然是没有希望获救的。

除了这一严峻事实，还有另一个更紧迫的问题困扰着沙克尔顿：他们的粮食储备。克拉克设法将帽贝添做食物，厨师格林还继续给大家煮热餐，但残酷的事实是，他们的食物储备迟早都会被吃光，沃斯利回忆：

> 那天清早，沙克尔顿不得不面对这样的事实——无法给队员提供足够的食物过冬。我记得那一天，他叫我与他一起走到我们常去的了望岬，在那儿，他向我吐露了他日益增长的焦虑。“船长，”他说，“无论有多危险，都必须开启救生船之旅，我不能让大家挨饿。”

这时一厢情愿地等待救援是不合时宜的，也不能幻想有充足的食物支撑人们过冬。这时候应该仔细审视境况，鼓起勇气，做出史无前例的壮举：冒险扬帆，驶向 800 英里之外的南乔治亚岛。

毫不夸张地说，这次救生船之行极其危险，但沙克尔顿的这一选择有着无可挑剔的逻辑。天寒地冻，船无遮蔽，海浪呼啸，800 英里的航行极度危险，但他认为，这次行动不会给岛上留守队员增添任何风险。首先，这 6 人将不再消耗岛上有限的粮食储备。其次，沙克尔顿打算只给“詹姆斯·凯尔德号”的船员带一小部分粮食——一个月的口粮。他知道，如果在一个月内不能抵达南乔治亚岛，他们的行动计划就不可能成功。

沙克尔顿权衡了形势，得出结论：

> 值得冒险，完全是因为我们迫切需要援救。五月中旬合恩角南部的洋域被称为世界上最凶险的海域。那里气候多变，天空阴沉，狂风不断。我们不得不驶着小船面对这些困境，救生船历经风雨，在过去几个月的航行中已经伤痕累累。

“詹姆斯·凯尔德号”救生艇只有 22 英尺 6 英寸长，几乎不是为这样的航行而造的。此次行程困难重重、极端危险，不断遭遇海浪与大风。不观哨的队员们想躲避严寒，却得不到片刻的庇护。小船每个部分都被无情的海浪浸泡着。

救生船空间太狭窄，交接班时，沙克尔顿不得不指导每个人的活动，以避免碰撞和擦伤。

为了保持船只平衡，人们还得不停地来回搬动压舱的巨石，这是个“疲惫而痛苦的”的差事。他们的衣服和驯鹿皮睡袋总是湿漉漉的，后来睡袋碎裂，驯鹿毛污染了他们的饮用水。

“詹姆斯·凯尔德号”常常面临被淹没的危险。每次海浪拍打过来，小船都会进水，时刻都有一人使劲往外舀水。他们常常被迫匍匐到甲板上，敲碎上面的冰块，不让船头下沉。每次努力都冒着生命危险：如果谁滑过船的边缘，他就可能永远一去不返了。

冰块不断堆积，船变得“不像船，倒更像块木头”。为了让船重新浮起来，他们舍弃一切不是生存绝对必需的物品，包括备用桨和两个潮湿冰冷的睡袋，每个约重 40 磅。

到了征程的第六天，每个人都冻伤了，手上起了水泡。他们吃饭、治疗伤口、祈祷天气好转。好天气不仅意味着免受严寒之苦，也为了更准确地导航，他们也需要看到太阳。但天空太多乌云，他们无法确定方向。

第七天，太阳终于出来了，沃斯利与他的六分仪一同悬在主桅上才终于能够看见太阳，确定了位置。好消息是他们已走过 380 多英里，走了到南乔治亚岛将近一半的路程。不过，太阳的出现让他们清楚地看到，“詹姆斯·凯尔德号”在广袤的海洋里显得多么渺小。沙克尔顿回忆说：

> 我们的船吃水很深，每次海浪都会挡住我们遥望天际的视线。我们只是沧海一粟……有那么一刻，想到周围那么多凶险的力量，

我们几乎不知所措。然而，当我们的船随着海浪上扬，在波光粼粼的浪花边摇荡时，我们又重拾希望和信心。

到了第十天的夜里，沃斯利在船后掌舵时受到挤压。当班结束的时候，他甚至都不能直起身子。人们把他拉下来，给他按摩，直到他能爬进自己的睡袋。

第二天，沙克尔顿在掌舵时误以为自己看到了一线晴朗的天空。当他大声告诉大家这个好消息时，却吃惊地发现自己看到的不是明朗的天空，而是海浪浪尖的泡沫，是他一生中看到的最巨大的海浪。

沙克尔顿大声喊道："看在上帝的份上，挺住！"海浪将小船像软木塞似的托起。巨浪过后，"詹姆斯·凯尔德号"里一半都是海水。船仍在漂浮着，但很是勉强。为了留住性命，人们用所有能找到的东西往外舀水。船慢慢恢复了稳定，但航程几乎以灾难结束。

如果说先前的情况是严峻的，那么现在的情况就是可怕的了。食物和炉灶被浸湿，饮用水所剩无几，还受盐污染。人们嘴巴干渴，舌头肿胀，迫切希望看到陆地。5 月 8 日——离开大象岛 14 天后，他们终于看见南乔治亚岛黑暗的悬崖。

他们渴望踏上陆地，找到淡水，但地形险恶的海岸却没有一处安全的停靠点。骇浪拍打着岸边的岩石，飞溅到三四十英尺高的空中。他们别无选择，只好停步，寻找另一个更佳的着陆点。

第二天破晓时分，他们发现船已经被推到岸边，这里就是纯粹的石壁。在凶险莫测的海洋里和飓风般强劲的大风中，"詹姆斯·凯尔德号"进了很多海水。已经走到这一步，却要面对灾难，这让人痛苦不堪。就在这时，命运发生了改变。风向转变，他们得以掌控船只。沙克尔顿回忆说：

> 就在情况看起来最糟时，它又突然变得最好。我经常惊叹，成功和失败之间的界限多么微小，突然一个转变，就能免于看似确定无疑的灾难，带来相对的安全。

风停时，“詹姆斯·凯尔德号”桅杆上的钉子掉了下来。如果钉子早些时候在飓风肆虐期间掉下来，桅杆就会像胡萝卜一样咔嚓折断，而他们就会被飓风吹到岩石上，必死无疑。他们再次寻找着陆点，累得筋疲力尽，渴得快要脱水而死。他们最后的淡水——用纱布将驯鹿毛过滤后得到的淡水，早已用尽。

5 月 10 日，他们终于发现礁脉里的一处间隙。迎着变幻的大风，他们一次次抢风行驶，想要进入礁脉开口处，终于在第五次尝试时将船驶进狭窄的开口，到达后面安全的小海湾。沙克尔顿拿着一根绳子跳上岸，将“詹姆斯·凯尔德号”固定，避免被向外涌的海浪推走。而他险些失足掉到 20 英尺下的岩石。后来，他把绳子固定好，队员们便陆续上岸。

他们站在沙滩上，听到潺潺的声音，转身一看，是一股淡水溪流。他们跪下去，喝着冰冷的水。他们冒险驶过南大洋，他们成功了。终于，他们安全了。

回想起来，沙克尔顿决定离开暂时的安全之地大象岛是对的。他打了个赌，他赌赢了。但是，知道冒险的必要性和真正去冒险是截然不同的两回事。我自己在越南的经历就很清楚地阐明了这一点。这个特殊的日子也永远改变了我对风险这个问题的看法。虽然那一天的事情并不愉快，但我现在要说一说这些事，因为我相信，这个故事里蕴含的道理很有价值。

越南之行接近尾声时，我是海军陆战队一个步兵连的指挥官，这是一个约 200 人的步兵队伍。我的步兵连是一个（联合国）印度步兵连。连队接到任务，要确保一个车队的安全。车队有 40 辆车，从楚来（Chu Lai）

的海军陆战队临时机场向北行驶到岘港（Da Nang）的军事基地。

路程较短，只有约 50 英里，但只要沿一号路线行驶，无论多少路程都可能会遇到危险。沿这条高架路行驶的车队可以被称做“犷野车队”，很像游乐园射击场里移动的鸭子。车子沿着固定而可预测的路线行驶，沿途几处暴露在敌人火力范围内，很容易受到袭击。此外，道路的许多路面已遭破坏，这就为越共埋设地雷和其他爆炸装置提供了机会。

清晨，车队早早离开楚来。每辆卡车不是装满货物就是坐满我步兵连的海军陆战队士兵。我坐在领头的一辆卡车里，身边是通信员，还有密密麻麻的天线。我们坐在层层堆放的沙袋上，这些沙袋是用来阻挡地雷爆炸的。它们只起到心理作用，其实没有多少真正的作用。

车队里有数辆装甲车，其中包括一辆特殊的名为安托士（Ontos）的军用车。安托士源于希腊单词“事物”，火力很大，但经常发生故障。除了这个问题，安托士配备有 6 个无后座力的步枪，开火时，步枪会形成一个危险的后冲击波。作战时，安托士后面不能跟随任何东西。

我们有武装直升机护送，可以随时获得空中掩护。我们也可以呼叫“迅捷行动者”——遇到重大困难时可以为我们带来额外空中支援的喷气式飞机。从理论上讲，我们有很多的火力可以应付可能遇到的埋伏。

和在越南的许多时候一样，事情早早就出了问题。他们发给我的武装直升机的通信频率是错的，直升机不停地在车队上空盘旋，试图跟我们进行无线电联系。除非我们可以联系沟通，否则就无法使用直升机。所以我只好让车队停下，一直等到把问题解决。

最后，愤怒的飞行员将直升机降落，以便和我们当面交谈，理清问题。这原本只是又一件滑稽烦人的事，但耽搁让我们损失了时间。损失时间意味着白天前进的时间减少，夜里在野外行进意味着不能有效地使用飞机——这种状况我连想都不愿去想。

车队北移过程中，在三歧（Tam Ky）的一个小镇又耽搁了。越共之前埋下了一个大地雷，当非常沉重的设备，如军用卡车或坦克，开过时，就会引爆。之前一名不幸的越南农民开着满载重袋大米的小货车经过时引爆了地雷。农民已被炸死，他的车一直堵在路上，直到人们把它搬走。

一整天，在道路上我们在每个损坏的路面都有耽搁。所有这些路段都由作战工程师团队使用探雷器清扫。这个团队由海军学院的学生比尔·格里森领导，采用了最先进的探测器，有条不紊地检查每平方英寸的土地，检测埋藏的炸药。

工程师还涉入水中，检查水渠里是否藏有电线和炸药。这是个单调乏味的任务，但不能匆忙完成。

在路上行进了几小时后，我收到了一份无线电报：北越军队的一个营正在附近活动，我们应该提高警觉。情报报告常常不准确，但收到警告，我的警戒又提高了一个等级。这意味着，如果遇到埋伏，那将是与北越军队的一次严重交火，而不是有限的小冲突。

由于种种延误，下午晚些时候我越来越担心，唯恐夜幕降临时我们仍走在路上。扫雷虽然耗时，但我们无法跳过这个过程。有一段路，领头的卡车司机拒绝向前行驶——纵使道路已经清扫过地雷。格里森远远地向他挥手让他过去，但司机指着自己，摇了摇头。司机不相信道路上的炸药已经清理干净，还以为自己被当做人体探雷器。格里森回到卡车边，亮出了他的招牌笑容，跳上来坐在司机身边，说："我们走！"

车队向前滚动，领先的几辆卡车，包括我的车，都安全经过了。但是，我转过头看，一辆卡车发生了爆炸，燃起熊熊大火，车上两名海军陆战队士兵当场在火海里丧生。有个地雷——几百磅重的高效炸药制成的地雷，埋得太深，所以没有被检测到。显然地雷是被附近一名敌军士兵“指挥引爆”的，他本想炸我的卡车，我的卡车有天线标记。但他犹豫了一下，就炸了跟在后面的卡车。延误让我们损失了时间和生命。我们必须将着火的卡车推离公路，救人的直升机飞过来，带走伤亡人员。

我们清理了卡车残骸，车队继续前进。经过另一个小村庄时，我们被狙击手击中，又失去了一名海军陆战队员。又一人丧生，又一次延误，而天变得越来越黑。

我们的速度终于快了起来，到达了离岘港约 20 英里的一个小村庄。这个村庄通往一座长桥，长桥横跨该地区密集的河流之一。桥梁入口处一扇巨大的木制大门控制桥上的交通。

载着扫雷队的领头车辆过了桥，接着我的车驶向大门。我们离桥的大门还有约 25 码远时，桥门砰的一声关上了。村庄响起一连串爆炸，爆炸声与我曾在越南经历过的截然不同。数百枚曳光弹像熊熊燃烧的蜘蛛网线一样，密密麻麻地划过道路。

伏击一开始，我所在的卡车前面的安托士调头反击。这意味着，6 个无后座力步枪的后冲击波和紧闭的桥门已经封锁前面的道路。我们现在遭到北越一个营的炮火袭击，他们配有追击炮、火箭、自动武器、无后座力步枪和其他重型武器装备。桥的大门紧闭，加上步枪的后冲击波，车队无法前行，卡车成了固定不动的袭击目标。海军陆战队士兵纷纷从卡车里出来，寻找掩护，开火回击。

持续的爆炸，加上小型武器的射击，嘈杂声震耳欲聋，即使有人在几英尺远处喊叫都无法听见。我试图将收音机后部的天线抬高，但什么也听不见，只有装在我卡车上的 50 口径机枪砰砰的枪声。我蹲在通信员旁，试图决定下一步该怎么办。突然我意识到，我们正处在杀戮地带，这令我不寒而栗。

每一次伏击都是精心设计的。他们将一个区域包围起来，此区域可以称为“杀戮地带”，我们就在此地带中。北越军队已经让平民撤离自己的家园，整个村庄现在是一个自由开火区，他们试图将我们置于死地。如果继续留在这里不动，我们都必死无疑。

我早该意识到这一点。遇到伏击时，不管情况如何，第一要务是继续向前。但我没有预料到的是，道路会被紧闭的桥门和安托士的后冲击波堵死。此外，我认为自己也有些想要迎战，而不是逃跑，但这不是作战时机。

我令海军陆战队士兵回到卡车上，然后我们破门而出。当我们驶向桥梁，北越军队开始用无后座力步枪射击我的卡车。如果一开始他们打的是我们的领头车，每辆车会被迫停在桥上，情况将不堪设想。

接着，敌方无后座力步枪突然停止开火。我后来得知，虽然格里森的工程师队已经安全地过了桥，但他又冒着生命危险回来，带着手榴弹，打压了敌军的炮火。我们继续向桥上行进，完全暴露在敌方炮火射程内。

曳光弹无处不在，看起来车队似乎不可能走完整个桥梁的路程。但我们别无选择，只能继续前进。领头车轧上桥梁时，后面的车队都深陷在战火中。我们受到北越军队的近距离刺刀攻击。车队最后的卡车着了火，司机也受了伤，多亏我们一位勇敢的士兵，司机才得以获救。士兵跑回卡车，将他扛上肩膀，用 M-60 机枪向后开火掩护，然后将司机带到了安全的地方。

到达桥的另一端后，我们重组车队。每辆车都布满弹孔，有两辆已经毁坏。我往后看，依然难以相信，我们的步兵连挺过了伏击。当天深夜，我们到达了岘港。

之后我对那天的事情想了许多。我们每个人跨越桥梁的时候都冒着巨大危险，在桥上我们没有庇护，完全暴露在敌军全部火力的伏击下。但是，留在原地风险更大，寻找可用的庇护，最后不可避免地耗尽弹药，任人摆布。在“杀戮地带”，只有一个行动选择：前进，前进，前进。

对领导者的启示

亨利·大卫·梭罗曾经说过：“无论坐还是跑，人都承受同样多的风险。”有些时候，什么都不做，或做一个“安全的选择”，反而会带来更大的风险，倒不如下一个大胆的赌注。沙克尔顿可以不用航行 800 英里穿越斯科舍海，奇迹有可能会发生，探险队有可能会获救。然而，更可能的情况是：他们都将在大象岛上慢慢因饥饿而死亡。

沙克尔顿面临的情况与越战车队在“杀戮地带”被伏击的情况很相似。这两种情况下，领导者都要做出重要选择：是继续停留在日益恶化的局势里，还是选择冒更大的风险，获得最终的安全？在这些情况下，看似安全的选择往往会带来更大的危险。

这些生死攸关的情况虽然极端，却是一些商业困境中领导者所面临情况的写照。例如，在《利润区域》(*The Profit Zone*) 一书中，作者阿德里安和大卫·莫里森指出：信息技术、全球化竞争及商业设计已经与其他市场力量结合起来，给旧的经济秩序带来了变化。由于这些变化，市场份额和销量增长不再能确保商业成功。然而，许多管理者仍坚持市场份额和销量增长能提供安全感的错误观念。这样一来，他们就被固定在“无利润区域”里。

> 无利润区域是商业宇宙里的黑洞。在物理学的黑洞里，光波进去，就永远不会回来。在经济黑洞里，资金投进去，利润再也不会回来。

停留在无利润区域内的企业，犹如在“杀戮地带”的军队，势必遭受灾难。要走出该区域必须做到：第一，认识到危险；第二，冒换一种方式做事情的风险——商业重建。

有些时候，经济风险不容忽视。在这种情况下，即几乎没有转败为胜希望的情况下，冒大风险是有道理的，因为几乎没有其他适合的选择。在其他情况下，排斥风险不会造成灾难，但也不会带来改变。敢于冒险才会有所改变。

IBM 人力资源部高级副总裁兰迪·麦克唐纳就是大家耳熟能详的敢冒大风险并带来巨变的人。谈到麦克唐纳，负责全球销售和销售激励的人力资源部副总裁特德·霍夫这样说："兰迪诠释了审慎冒险的能力！"

麦克唐纳冒如此大的风险是为了响应公司首席执行官萨姆·帕尔米萨诺将 IBM 打造成全球一体型企业的号召。麦克唐纳和 IBM 人力资源部面临的挑战是：开发一个系统，用来评估并记录其全球范围内每个员工的能力。有了这些信息，IBM 就能将员工调到扩大的市场，人力资源规划也能更具针对性。但是，为了实现这一目标，麦克唐纳必须从根本上改变公司的人力资源管理方法。

麦克唐纳和他的团队设计了一个创新项目，名为"职场管理计划"。他们创造了新的人力资源结构，取代以往竖井式的分散孤立结构。麦克唐纳组建了跨职能的专家团队，而不再按诸如福利、薪酬、多样性等职能分成不同部门。然后将每个跨职能团队派到一个特定业务单位，团队所有功能共同作用，确保帮助业务部门完成目标。

有了新的人力资源结构，麦克唐纳发起下一个挑战：对 IBM 的 33 万名员工的技能和经验编制详细目录。麦克唐纳及其团队首创了一个评估分类法，将员工的专业知识和职业目标分类。每个员工完成包含 4 000 项的技能领域测试后，人力资源团队审阅评估结果。根据这些结果，他们能够找出关键的技能差距，并确保员工的技能与他们的任务相匹配。这些做法使人力资源部的其他职能，如员工的培养和招聘，能更有效地进行。

“职场管理计划”是否实现了帕尔米萨诺的全球战略？虽然有一些挫折，但总的来说，这次转型使 IBM 在经济困难时期缓解了财务问题。IBM 能够将员工重新部署到需要特定技能的空缺岗位，所以劳动力成本就得到了最优的回报。该项目还给 IBM 带来一个巨大的益处：聘用适合的人选。另一个更难以衡量但也许最重要的益处是，“职场管理计划”有助于提高 IBM 的客户服务。在适合的时机为适合的岗位安排适合的人选，这样做能使情况大大改观。

“职场管理计划”的概念很简单，但执行起来却复杂得多。它不仅需要 1 亿美元的投资，而且，世界上还没有任何一个组织（包括美国军方）曾尝试过这样深入的能力评估。该项目需要数据库和应用软件的投资，还有其他更高的要求。每个 IBM 部门都要改变其管理庞大且不断增长的全球人力资源的方式。

回想起这一经历，特德·霍夫强调了麦克唐纳的领导的重要性：

> 我们面临诸多问题，如语言问题、人力资源法律问题、文化问题、政府规范问题。我们处在“流血的边缘”，我们的成功需要团队协作、坚持不懈和创新精神。我们都付出了最大努力，但我们的愿景和决心都来源于兰迪。

IBM 的案例清楚地表明：困境中的领导者需要坦然面对令人不安的风险。不必要的风险应尽量避免，但有时候需要大胆行动。要了解面临的风险，并谨慎评估，然后权衡风险与回报。对于经过仔细斟酌的值得一试的风险，不要犹豫，勇往直前。

探险日志

1．设想一个你可能需要冒险以提高公司效率或赢利能力的情况。运用风险评估模型（见图 9-1），列出你所预测的最好及最坏的结果。关于是否要去冒险，这个分析给你什么启示？

2．对这一风险的评估，你与你所在团队的其他成员看法一致吗？

3．如果你打算冒相当大的风险，你有没有设想一个将此风险告知他人的计划？你是否使风险听起来吸引人、合乎逻辑，以便让人们理解并全力投入冒险？

4．你是否可以冒一次风险以提高自己的领导力？运用风险评估模型，写出最好及最坏的情况，分析是否可以冒险。

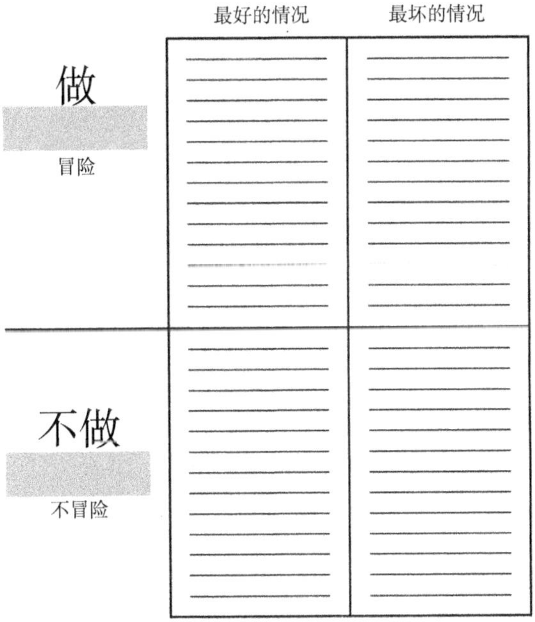

图 9-1　风险评估模型

第 10 章

不断创新

策略十：

永不放弃，天无绝人之路。

没有锚，救生船摇摆不定，船舱内积了很多海水。指南针的玻璃罩破了，有人用药柜里的橡皮膏药将玻璃罩粘了起来。

——弗兰克·沃斯利

即使在最佳环境中，为令人沮丧的问题找到有创意的解决方案也具有挑战性，更不用说在极其困难的环境中了。那些处于生死边缘的人们，或者竭尽全力想达到最高绩效的组织，不得不面对恐惧、体力消耗、身心疲惫。然而，正是在极具压力的情况下，解决问题的能力才变得非常关键，创新才变得极为重要。本章探讨如何迎战这种强大挑战的策略。

绝境中需要不竭的创造力

本书讲述的极地生存的故事强调的是逆境中的团队协作。然而，在领导他人过程中自我领导能力也是一个重要因素，许多人都具有此种非凡的智慧。我听说过的极富传奇色彩的故事中，有一个是关于一个得克萨斯人的。这个得克萨斯人被一条有毒的珊瑚蛇咬伤了，为了自救，他咬下蛇的头，然后纵向撕开蛇身、扯下蛇皮，在救援人员赶来之前将蛇皮用做临时止血绷带。

另一个是关于史蒂文・卡拉汉个人旅行的故事。虽然不像珊瑚蛇故事那样具有传奇性，但它很好地说明了面临巨大挑战时人所具有的创造力。卡拉汉驾驶自己的单桅小帆船“拿破仑独驾号”，从加那利群岛出发，驶向加勒比海。途中，“拿破仑独驾号”在一场大风中沉没。显然，“拿破仑独驾号”是被一只鲸鱼撞沉的，而且从撞击到沉没不过短短几分钟。卡拉汉乘坐一艘名为“橡皮小鸭三号”的小皮筏，进行了一场非凡的、持续了 76 天的、行程 1 800 英里的海上旅行。

对卡拉汉来说，在小皮筏上的每一天都是严峻考验，一种为生存而持续不断的挣扎。能供应淡水的太阳能蒸馏器常常出问题。除此之外，鲨鱼也总是攻击这艘只有 5.5 英尺长的小皮筏：它们用鱼脊摩擦船背，并且撞击船下面的镇流器口袋。其他经过的船只十之八九看不到这位郁闷的航海者。

淡水不足，而且备受饥饿折磨，卡拉汉后来终于成功地叉到一条金鱼，鱼肉的营养把卡拉汉从死亡边缘拉了回来。然而，随着海浪不断冲击小皮筏，卡拉汉的设备面临着不断受损的困境。每天都需要小心维持着平衡：

为了营造一个可以生存的世界，每天我都必须更努力，工作更长时间。对我而言，生存便是一场戏剧，而我要做这场戏剧的主演。剧本听上去相当简单：坚持下去、找食物、找淡水、找鱼、照看蒸馏器。但是我这个角色的每个细微变化都意义深远。如果观哨太过仔细，我就会疲倦，进而影响捕鱼，或影响我照看蒸馏器，或其他必要事项。但是，如果有一刻我没有注视远处的天际线，那一定是有船只从筏子旁过去了。如果我用两个蒸馏器（获得淡水），我也许会不再口渴，并且能更好地观哨和干其他事。但是如果两个蒸馏器都坏了，我就会死于缺水……这是一个持续不断的挣扎过程。在此过程中，我努力控制自我、约束自我，以便坚持那个能很好地确保我生存下来而规划的行动方案。我说不清那个方案到底是什么……但是我告诉自己“你正在尽力而为”。

在小皮筏之行的第 23 天，卡拉汉试图捕获一条强壮的足有 60 磅重的剑鱼，却丢失了矛枪上起动力作用的强力皮带。那条被卡拉汉刺穿尾巴的剑鱼一路拖行着卡拉汉的小皮筏，直到挣脱束缚获得自由。

矛枪是卡拉汉获取食物维持生命的唯一工具。卡拉汉将箭用细的麻绳绑在矛枪的传动轴上，做了一个简易的以自己手臂为动力的捕鱼器。这个新的简陋捕鱼器需要人一动不动地守候着，就如同一尊古老的、无弓的弓箭手铜质雕像，直到猎物再次出现。

由于缺少糖、淀粉和维生素，卡拉汉的身体开始变得虚弱。卡拉汉身上被高盐海水灼伤的地方像小水花一样裂开，留下许多伤口。值得一提的是，卡拉汉每天强迫自己在清晨、黄昏和夜晚各练一次瑜伽。例行的日常事务做起来既缓慢又痛苦。正常情况下半小时就能完成的事现在却需要花 1.5 小时。然而，仅凭自己的意志力，他尽其所能保持体力。

在海上的第 40 天，卡拉汉注意到一件有意思的事：他的小皮筏已经达到了皮筏厂商所承诺的最长使用期限。然而，他有喜事值得庆祝。据卡拉汉估算，到目前为止，向加勒比进军的旅程中，他已经漂流了超过一半的航程。而且，卡拉汉成功地修好了漏气的蒸馏器，他自己充当“人体风箱”给蒸馏器充气。还有，卡拉汉改善了他的雨水收集系统，他用一把小刀的刀柄（他 12 岁时找到的一个童子军式样的小刀）在塔博器皿公司生产的一个盒子上挖出一些洞，并将盒子放到小皮筏的顶部。

卡拉汉的情况暂时稳定了下来，但是灾难在第 43 天再次袭来。一只剑鱼在游过时，其脊背上的刺刺穿了皮筏下方的一个气囊，造成一个 4 英寸长的漏洞。巨大的气泡从洞中涌出，直到气囊完完全全瘪了下去。气囊此刻就像个“橡皮小鸭”一样，皮筏只靠顶部的气囊支撑并漂浮着，皮筏只高出海水 3 英寸。

现在，卡拉汉的生活取决于皮筏下部的漏气气囊的修复。如果他失败了，他便无法叉鱼，就算他能叉到鱼，也无法将鱼晾干做成食物食用。在这种情况下，睡觉是不可能的了。如果要睡觉，卡拉汉的腿就会垂到皮筏的最低点，前来骚扰的鲨鱼会攻击他的双脚，而非镇流管。

皮筏维修工具包里的塞子太小，毫无用处。卡拉汉一边快速思考，一边看着橡皮筏上像咧着大嘴的破洞。卡拉汉将自己打捞起的从“拿破仑独驾号”上掉下的泡沫垫子的一部分填进了那张“大嘴”。他抓住橡皮筏破旧的边角，将细线缠绕在填进泡沫垫的地方，直到将破洞扎得结结实实。

事实是，卡拉汉所做的努力只起到了暂时的作用。再次充满气 15 分钟后，气囊又重新瘪了下去。卡拉汉又花了 5 小时将漏洞修补好，结果破洞的地方仍然在严重漏气。卡拉汉计算了一下，小皮筏若要保持漂浮状态，一天下来大约需要充气泵充气 3 000 次，也就等于两小时相当耗力的工作，而这远远超过了他的能力。

连着 8 天，卡拉汉一直尝试着修补那个破洞。如果要生存下去他就必须修补它。卡拉汉尽量使自己冷静下来想办法。

> 你得想出个法子……回想一下。弄清是什么问题……许多头绪要理清。我得让皮囊继续工作。我有哪些工具？太空毯、信号枪、废弃手电筒、塑料包……手头还有哪些东西？急救箱、绷带、剪刀、麻线、绳。我之前用过的东西有勺子、叉子、雷达线……叉子！当然是叉子！你怎么蠢到现在才想到叉子！"就是叉子了！"卡拉夫喊道。

叉子的希望激励着卡拉汉，他几乎一晚上没睡，琢磨着第二天的修理工作。第二天一早，卡拉汉便小心地将叉子的齿敲掉，然后将叉子插进泡沫垫中。然后，卡拉汉用几根长度不同的绳子重新绑了泡沫塞，制成了一个临时的塞子，塞住了气囊漏洞。

由于身体虚弱，在操作过程中，卡拉汉不得不每完成一个步骤就停下来休息一会儿。修理工作完全做好后，时间大约是下午三点。这时，卡拉汉又能开始给皮筏子用充气泵充气了。平时需要 5 分钟的工作，卡拉汉这时却需要花半小时。充气工作干完后，他已经筋疲力尽，气囊终于充满了气。但好景不长，1.5 小时后，气又漏光了。

虽然很沮丧，但并不气馁，卡拉汉又尝试了一次。他将塞子捏紧，又加了一个塞子。虽然痛苦，但是他终于成功地让橡皮筏下部的气囊再次充满气。这次他成功了。

“小鸭子”大口地吸着气，终于浮在了水面之上。它像一支脱离了根茎的睡莲向前漂去……“小鸭子”在下一顿“用餐”之前一共漂行了辉煌的 12 小时……虽然我现在又饿又渴并且浑身酸痛，但是我感觉棒极了！我终于成功了！

小皮筏继续漂流着，缓慢却坚定不移，目标直指加勒比。每天都会有新问题产生，当然也就需要卡拉汉有新的解决方法。他用太空毯设计了一件能收集雨水的披风样装置。将修补胶带反面的黏胶刮下后，他用黏胶堵住了太阳能蒸馏器上的一个洞。还有，他用绳子将 3 支铅笔绑住，以此制作了一个低成本航海定向仪来确定自己所在的纬度。

鲨鱼还会时不时来骚扰。对于卡拉汉来说，食物的补给是每天要面临的挑战。他的鱼叉因为被逆行的剑鱼损坏，所以每天都需要修理。在一场和剑鱼的激烈战斗中，那条鱼损坏了鱼叉的顶部后游走了。

卡拉汉用一把从不锈钢的童子军工具包里找到的薄刀来修理鱼叉的顶部。但是损坏的鱼叉顶部很易变弯，卡拉汉便将黄油刀和另一把从“拿破仑独驾号”上捞出的小刀绑在一起，设计出了一个新鱼叉的顶部。尽管黄油刀和另一把小刀都不坚韧，但是绑在一起后，只要捕鱼时找准正确的角度，就足够用来叉鱼。

有限的食物和暴露的环境折磨着卡拉汉。但是卡拉汉的创造力使他能适应周遭的环境。

到目前为止，我的驻地“鸭子城”周围有了一群友好睦邻。鱼和我已经变得相当熟悉，我能独自和它们聊天，我能辨认出什么时候是一条剑鱼在轻推皮筏，什么时候是金鱼在轻啄皮筏，什么时候是鲨鱼的鱼脊在擦着皮筏。这就好像你能辨认出不同的邻居用不同的方式敲你的后门一样。通常，我也能知道是哪种鱼在用头部或尾巴撞击皮筏……

在航行的第75天，卡拉汉看见了一缕柔光，开始时光射向南边，然后又射向北边，接着变成了一条扫向天际的光束，是灯塔！卡拉汉在小皮筏有限的空间里兴奋地又蹦又跳。他拥抱着想象的伙伴，叫喊着："陆地！陆地啊！哈哈！"

第二天，一艘载着渔民的小白船发现了"橡皮小鸭三号"，渔民们都相当惊讶。随后，卡拉汉被他们拉上了船。在船上，卡拉汉平静地打开他那些储水听，喝掉了5品脱的储备淡水（约合2.75公升）。很快，他就能抵达瓜德罗普岛附近的玛丽·加兰特岛，并且安全上岸。卡拉汉通过自己的决心、创造力及意志力，成为了史上第一个用充气不足的皮筏在海上漂流两个多月后存活下来的人。

汲取团队的创造力

尽管沙克尔顿的探险之旅持续的时间比卡拉汉的漂行时间更长，但"坚韧号"的探险队员有自己的优势：他们可以互相汲取力量。来自团队的支持与创造力使他们能一路坚持下去，而如果人们独自探险，每个人可能早已放弃了。横跨南极的探险故事充满坚韧不拔的事例，回望那段旅程，探险队员的坚韧不拔和执着奋进给人留下深刻印象。

在探险途中的每个关键时刻，探险队员都有可能选择放弃——当"坚韧号"遭遇浮冰撞击时，当两次浮冰上的雪橇之行失败时，当他们发现自己在大象岛上孤立无援时，当他们面对南乔治亚岛的冰川时，当他们不断试图营救大象岛的留守队员却屡遭失败时。然而，每一次团队都坚持了下来，探险队员最终都找到了保持安全的方式。

探险队能安全返航，不仅是由于他们坚持不懈。沙克尔顿率领的探险队的成功同样还归功于直面死亡的勇气和创新思考潜在解决方法的能力。有趣的是，沙克尔顿许多有效的想法来自摄影师弗兰克·赫尔利和木匠麦克尼什，而这两人都曾被沙克尔顿称为潜在的麻烦制造者。

沙克尔顿苦苦思考，如何才能带领脆弱的“詹姆斯·凯尔德号”救生船穿越德雷克海峡怒吼的波涛和狂风大浪。他要麦克尼什将救生船改造得更有利于航海。麦克尼什制作了帆布做的临时盖板、船上设备和用品的盖子，以及 4 个雪橇（留着后来探险队员穿越南乔治亚岛时使用）。

那些帆布早已冻得僵硬。进行缝制、打钉及螺丝固定之前，必须先将帆布用鲸脂炉解冻。钉子是从装运货物的箱子上搞来的，又一个创意。钉子稍微有些短，但还能凑合着用。尽管整体效果并不完美，但没有那些钉子，“詹姆斯·凯尔德号”不可能挺过那次航行。

赫尔利制作的另一个宝贵工具是用校磁铁棒（用于调整船的罗盘的）改造的一个舱底泵。铁的柱体在铜管里移动，恰好能起到泵吸作用。它们之间的联系只有赫尔利想到了。

赫尔利能想到这个主意并不奇怪。他是一名有经验的金属工人，但他的作品因具有独创性而著称。早些时候，他曾利用“坚韧号”残留的灰槽造了一个非常好的野营用炉。由于大部分工具已丢失，他曾用平头凿切下了 1/4 英寸大小的钢片。

当“詹姆斯·凯尔德号”乘风破浪时，罗盘的玻璃罩破了。由于罗盘是海上航行的重要工具，作为一个航海的必备工具，罗盘的损坏可以说是一种潜在的灭顶之灾。但是，罗盘的问题却被成功地用药柜里的橡皮膏药解决了。

在剩下的征途中，面对困境，探险队员发挥了他们的创造力。在“詹姆斯·凯尔德号”安全驶达南乔治亚岛后，沙克尔顿和他的队员距安全地——斯特罗姆内斯的捕鲸站仍有 150 英里的航程。由于救生船状况不佳，而且队员身体状况糟糕，沙克尔顿只能选择从岛上穿越，到达捕鲸站。

沙克尔顿坚信，沿着海湾而上他们能缩短航程。但是“詹姆斯·凯尔德号”在穿行海浪的过程中却将船舵丢失。因此队员用之前保留下来的船桨制作了另外一支船舵。当他们再次试航“詹姆斯·凯尔德号”时，丢失的船舵奇迹般漂浮在海面上，这在队员们看来是好征兆。

就要开始穿越南乔治亚岛时，探险队员不得不面对这样的现实：他们对攀爬毫无准备。此时麦克尼什的创造力再次派上了用场。麦克尼什从“詹姆斯·凯德尔号”上卸下一些螺丝钉，然后在每只靴子中各拧进 8 支，钉子朝下。对于沙克尔顿来说，这种临时性的钉子鞋特别重要。出于其慷慨的性格，之前他将自己厚重的巴宝莉靴子送给了别人，自己穿的是一双轻薄的有点破旧的皮靴。沙克尔顿的准则，就像沃斯利说的那样：“要吃苦在前。”

沙克尔顿、沃斯利和克里恩在 1916 年 5 月 19 日（星期五）凌晨 3 点整开始攻克南乔治亚岛。为了尽量减小与其他队友离别的痛苦，他们迅速出发，并携带最简便的装备：两个罗盘、50 英尺的绳索和一把木匠的扁斧（用来代替冰斧）。他们手中唯一的一幅地图既不完整也没有显示山脉的详细信息。

伴着月光，沿着数百英尺高的消失在黑暗中的绝壁边缘，他们在齐膝深的积雪中跋涉。岛上的地形很难辨识，他们常常不得不原路返回。原路返回让他们筋疲力尽，垂头丧气。

他们曾一度在冰上发现看似被陨石砸出的深坑。大雾中，每个人都担心他人会不小心跌入巨大的坑中。因此，他们用绳索将每个人连在一起，避免悲剧发生。

吃饭也是在雪地里休息时进行的。每个人轮流用身体遮挡一体式气炉以防火被风吹灭。食物热好后，他们就轮流用小勺舀取一勺维系生命的食物。善意的玩笑已成为接下来的旅途生活中的一部分了：沙克尔顿责备说，克里恩的勺子大了点；而克里恩则说，沃斯利的嘴巴更大。

随着旅途的继续，这支疲倦的队伍尝试了一个又一个通往捕鲸站的通道。他们永远无法知晓山的另一边是什么，直到爬到山顶。每一次他们都发现，自己被不可穿越的峡谷阻挡，不得不返回好不容易走过的地形。在返程中，探险队员不仅面临着寒冷的天气，还有令人泄气的沮丧感。3 次试图穿越山峰抵达捕鲸站的努力都失败了，只剩下一条通道了。当探险队员在困境中苦苦挣扎时，浓雾从海面上飘过来。浓雾使周遭一片模糊，阻挡了探险队员的视野，他们彼此看不到对方。

处境确实令人绝望。他们站在第四条通道的最高峰，距山脚下的冰川有 4 500 英尺。浓雾切断了他们的回路，黑暗又阻挡了前方的路。他们脚下的路很陡峭，但究竟有多陡？如果等待月光重现，他们会被冻死。即使有月光，用扁斧凿路的枯燥过程也太耗时间。之前他们往下走 100 码（合 91.44 米）用了大约半小时，而他们还得走数千英尺。

他们需要一个具有创意的方法走出困境。沙克尔顿坐在他们开凿的一级大台阶上，思索了一会，然后他这样说：

> 我有个主意。不管下面是什么，我们都必须往下走。也许这么做没多少希望。数千英尺的路，我们不能一直这么开凿下去……也许这是死路一条，但是我们必须得冒这个险。我们滑着下去。

沿着陡坡向一无所知的山下滑行，这种想法确实令人不寒而战。下滑途中的任何物体——一块岩石、一条冰缝，任何东西都有可能使探险者命丧黄泉。然而，对于他们而言，这是唯一的希望，同时也是大象岛上等待救援的队员们的唯一希望。沃斯利后来回忆道："假如遇难，至少我们已经尽力为我们的队友寻找过希望了。"沃斯利回忆了后来的情况：

> 我们各自将自己的一截绳子盘成一个圆盘，坐在圆盘上我们可以沿着斜坡往下滑。我们行动迅速，急于摆脱痛苦的煎熬。沙克尔顿坐在他凿出的一级大台阶上，我坐在他后面，双腿夹着他，双手扣住他脖子，克里恩以同样的姿势坐在我后面。这样一来，我们三人紧抱在一起，就如同一人。然后，沙克尔顿开始下滑。
>
> 我们感觉好像正冲向太空。有一刻，我的头发是完全竖立着的。然后，突然间我感觉到一丝亮光，然后意识到是我自己在咧着嘴笑！我真心享受那一刻，因为当时那种感觉太让人兴奋了。我们以几乎每分钟一英里的速度在沿着陡峭的山坡下滑。我兴奋地大叫着，然后发现沙克尔顿和克里恩也在大叫……岩石什么的都见鬼去吧！

当时沙克尔顿与克里恩是否也和沃斯利一样兴奋，或者说，他们两人是否出于极度恐惧才放声大叫，这些都不甚清楚。滑到了陡坡底部时，他们握了握手，然后沙克尔顿说道："这种事可不宜常做。"

然而，在没有撞到岩石或引起雪崩的情况下，他们成功地沿着山坡急速滑行了约 1 500 英尺。整个下滑过程持续了 3 分钟，却给他们带来了冻死在山上之外的另一个创造性选择。同时，它也体现了领导力策略九中的精神（临危不惧，甘冒风险）和领导力策略十中的精神（永不放弃，天无绝人之路）。

然而，在穿越南乔治亚岛的过程中，这并非是他们最后一次需要发挥创造力。临近捕鲸站时，他们发现再次身处一个几近垂直的绝壁上。像上次那样，他们试图用扁斧来凿一条路，但是也同样发现那样进程太慢。他们隐隐觉察出暴风雪在逼近，但是只能任由狂风肆虐，他们随时可能被大风卷走。

在这种不宜久留之地，他们既不能步行，也不能爬行。沙克尔顿做出了一个创造性举动：由于大风的搬运作用，光滑的冰面上积了一层雪。在摸索着如何下山时，沙克尔顿突然有了主意：可以用靴子后跟敲碎冰面，形成一个个小坑做台阶。他尝试了下，结果成功了！其他两人也跟着效仿，3 名疲倦的攀登者终于成功地下了山。

此时，他们已经能看见捕鲸站的厂房和船只了。3 位精疲力竭的旅行者一边放声大喊，一边挥舞手臂，但是距离太远，人们听不到他们的声音。他们蹒跚着继续前行，这时最后一个障碍挡住了他们：一条仿佛冰川的结了冰的瀑布挡住了去路。在没有任何东西固定绳索的情况下，沃斯利在上面抓着绳子，沙克尔顿和克里恩顺着绳子沿着冰瀑布下滑。沃斯利将有些磨损的绳子楔进岩石中，屏住呼吸，然后也跟着滑下冰瀑布。被丢弃的绳索在瀑布上晃荡着。

1916 年 5 月 20 日下午 3 时整，3 名体力透支的探险家终于到达斯特罗姆内斯的捕鲸站。在没有地图指引的情况，他们在 36 小时内穿越了地图上未标注的南佐治亚冰川。他们日夜兼程，只在补充食物时才稍作停顿。

3 人朝着捕鲸站的经理托拉尔夫·斯日勒走去。托拉尔夫·斯日勒盯着蓬头垢面的 3 个人，不敢相信自己的眼睛。斯日勒是沙克尔顿的朋友，此时却发现已经完全认不出沙克尔顿了。“你不认识我了？”沙克尔顿问道。“我听出了你的声音。”经理回答道。“我就是沙克尔顿。”沙克尔顿答道。

据说当时斯日勒转过身去，热泪盈眶。3 个满身污垢、胡子拉碴的“流氓”被迎进屋内，享用食物、热水澡和干净衣服。他们英雄般地穿越南乔治亚岛的壮举挽救了探险队其他队友。他们的壮举一直是不懈努力的颂歌，也是危情中不竭创造力的颂歌。

对领导者的启示

第 3 章强调了在极具挑战的境况下领导组织保持乐观的重要性。但是乐观并不意味着不切实际地期待一切都一帆风顺，一切都十分美好。危情中的乐观意味着，要相信无论如何团队会取得成功——长远角度上的成功。但是在短期内，问题不可避免。

有点反常的是，在日常生活中我们极少会因为出现一些状况而吃惊。诸如钥匙会丢失，汽车会抛锚，别人会爽约，电脑系统会崩溃。然而，当组织处于绝境时，人们的期望会发生变化。我见过这样的情况：当员工或设备达到使用极限状态时，领导者会因为由此产生的一些小问题或“常见事故”而怒不可遏。

在危情中，成功的领导者应做好准备应对困境，而非期待一切平安无事。事实上，处于困境时，比较现实的情况是：问题会更频繁地出现，问题也会更棘手。一旦接受了这一点，令人生畏的意外情况就会成为征途中的家常便饭。这时领导力的挑战是，动用团队的集体创造力来解决问题。

卡拉汉乘着“橡皮小鸭三号”在 76 天内航行了 1 800 英里。沙克尔顿乘坐“詹姆斯 · 凯尔德号”在 16 天内漂流了 800 英里。切斯利 · B · 萨伦伯格的行程有些不同，他的行程总时只有 6 分钟，并且着陆点正是出发地。

但是这 3 个故事具有异曲同工之妙。

当机长萨伦伯格驾着美国航空的 1549 航班从拉瓜迪亚国际机场起飞时，他并未想到自己会成为国家英雄。两分钟后，当航班遭遇两次飞鸟撞击导致引擎失灵后，他便开始了一次拯救机组成员及 150 名乘客的航行。如同他回忆的那样，此次飞行可怕得如同他儿时在得克萨斯听过的最猛烈的暴风雨一般。

在加拿大，一群大雁围住了飞机，一些大雁撞在了飞机挡风玻璃上，还有一些被卷进了喷气发动机的叶轮片中。萨伦伯格感觉到了鸟儿撞击的冲击力，听到了重重的撞击声。最后，他还闻到了致使发动机失灵的鸟儿燃焦的气味。

此时，这架空客 320 失去了所有推力，低速盘旋在人口最为密集的城市上空。此刻飞机停止了上升，发动机也开始慢慢停转。这是一个令人震惊又恐惧的事实：机上每个人都可能在数秒内命丧黄泉。

萨伦伯格从撞击带来的震惊中缓过神来，开始准备飞机控制的移交。他对坐在旁边的副机长杰夫·斯凯尔斯说："我来负责。""你来负责。"副机长答道。萨伦伯格开始自己驾驶飞机。

萨伦伯格的飞行生涯已有 42 年，他曾飞过空客的战斗机和滑翔机，是一名经验丰富的飞行员。但是他知道，这次航班的飞行及降落与以往任何一次都不同。此刻，他正驾驶着一架 70 吨重的喷气式飞机在滑行。

发动机失灵 30 秒后，这架叫做"仙人掌 1549"的客机离地面有 3 000 英尺。萨伦伯格一边绞尽脑汁飞速想着各种办法，一边向地面指挥中心报告情况："这是'仙人掌 1549'，遭遇鸟撞击，两发动机都失灵，正在返回拉瓜迪亚国际机场。"

在拉瓜迪亚国际机场的航空指挥中心，空中交通指挥官帕特里克·哈顿精神高度紧张。在 10 年职业生涯中，他处理过许多由于发动机问题引起的飞行事故，但是发动机完全失去推力的情况，他还是第一次遇到。他了解问题的严重性，但仍然镇定地回答道："好的，请返回拉瓜迪亚。左方转向，航向 220。"

萨伦伯格用同样镇定的声音回应："航向 220。"但是他的思维在飞速转动，返回拉瓜迪亚意味着飞机须倾斜转弯以调转方向，降落时也需要更多的倾斜转弯以与跑道方向平行。每一次的倾斜转弯都会增加发动机停转或原地打转的危险性。理论上这种倾斜转向是可以做到的，但飞行员将试图在发动机失效后的飞机返航称为"不可能的转向"是有道理的。若想降落在拉瓜迪亚机场跑道上，他可能会使机上全体人员丧命，而地面人员也有可能丧生。

哈顿快速思考，也许拉瓜迪亚机场的 3-1 号跑道能行："仙人掌 1549，如果可以，你是否想在 3-1 号跑道着陆？"萨伦伯格回答："不行，我们可能会迫降在哈德逊河。"

向地面报告后，又过了 35 秒。萨伦伯格一边驾驶着飞机，一边留意无线电信息，而斯凯尔斯试图重启发动机。此时飞机在快速下降，萨伦伯格需要另一条出路。哈顿继续寻求对方的答复：

"好的，仙人掌 1549，请左转，调整方向至 3-1 跑道。"

"无法完成。"

"好的。降落需要什么条件？"哈顿没有听到任何答复，接着又问，"仙人掌 1549 号，4 号跑道可用。可否左转，降落在 4 号跑道？"他的提问正常而放松，就像在餐馆里询问萨伦伯格想坐哪张桌子一样。但萨伦伯格此刻一点都不轻松。

萨伦伯格放弃了在拉瓜迪亚降落，但同时看到了另一条可行之路："我不确定现在是否能降落在任何跑道上。我们右侧是什么地方？新泽西州或泰特波卢？”

“好的。右侧是泰特波卢机场。是否想尝试在泰特波卢机场降落？”

“好的。”

哈顿曾与泰特波卢机场有过合作。他很快与泰特波卢地面控制人员进行协调，为“仙人掌 1549”的紧急迫降清空一号跑道。一号跑道是最佳选择——这意味着“仙人掌 1549”将在大风中降落，这加大了飞机的承载力。哈顿用无线电通知萨伦伯格：“左转，方向 280。可以在泰特波卢一号跑道降落。”

“无法做到。”

“好的，你们想在哪条跑道降落？”

“我们即将到达哈德逊河。”

此时距向指挥中心发出撞鸟报告已过了 1 分 52 秒。萨伦伯格此时得出结论：唯一可行的办法就是在一个平整且足够大的地方降落，这个地方就是哈德逊河。

“对不起，仙人掌 1549，请再重复一次？”无人应答。“仙人掌 1549，仙人掌 1549，雷达信号已断。你还可以驶向纽瓦克机场，大约距你 7 英里。”没有答复。机上的另一位飞行员替萨伦伯格回答：“我不清楚，但我想，他刚才说打算在哈德逊降落。”

哈顿再次尝试联系：“仙人掌 1549，你还在吗？”萨伦伯格的无线电是开着的，但是他并不打算将飞机降落在跑道上。他的精神正高度集中，他要避免一场类似 1996 年埃塞俄比亚一架飞机试图在印度洋迫降而坠毁的悲剧。当时那架飞机摔成了碎片，机上大部分人员丧生。

然而，要避免相似的悲剧发生并非易事。在降落时，萨伦伯格需要将两侧机翼调整到绝对水平的位置，机头要略微上扬。飞机下降的速度必须恰到好处：比最低速度略快些，但不能低于最低速度。所有这些条件必须同时满足才能万无一失。

萨伦伯格扫视了一下水面，瞥见了河南端的一些船只。他曾接受过训练，将飞机降落在数条船只之间，以方便营救。他现在需要应对的正是这种情况。培训和运气都对他有利，但萨伦伯格仍然强迫自己要冷静，他必须集中注意力。

在冲击水面 90 秒之前，萨伦伯格冲着对讲机说："准备降落。" 90 秒足够让空乘人员做好准备，而对于惊恐的乘客来说，时间短得让他们来不及做痛苦挣扎。

萨伦伯格宣布飞机迫降几秒钟后，机上空乘人员开始齐声喊口令。萨伦伯格听见他们一遍一遍地重复："低头，缩身；低头，缩身；低头，缩身……"这些口令几乎像祈祷词一样安慰着萨伦伯格。他明白，只要他能将飞机降落，空乘们就能将乘客带出飞机。

飞机开始触及水面。降落很艰难，但还算顺利。"仙人掌 1549"沿着河面滑行。机头向下，开始减速。飞机略微偏左，接着停了下来。萨伦伯格和斯凯尔斯彼此对视了一下："嗯，没我想得那么糟。"

沙克尔顿从冰川上滑下后，对他们的举动进行了评论。回忆起来，那是一个英雄般的、几乎戏剧性的时刻。如果沙克尔顿此时也在这驾飞机上，他可能会恰到好处地说："这种情况还是少发生为好。"

飞机从起飞到最终降落一共 6 分钟，迫降没有导致机身断裂。但是人们这会儿没有时间细细品味迫降成功的滋味。全体机组人员现在必须专注于另一挑战：让所有人员安全撤离飞机。

鉴于情况特殊，撤离行动在飞机前部相对来说还比较井然有序。两名空乘人员打开了客舱门并调整好滑梯。飞机后部人员的撤离却是另一种情况。机身后部受到的冲力要大得多，因此后部的出口已经处于水面之下。当冰凉的河水涌进机舱时，一名乘客出于惊恐打开了机身后门，更多的河水涌入进机舱。

空乘员多琳·威尔士经历了从接受死亡到看见希望的心理过程。此刻，她正集中精力帮助乘客撤离机舱。她大声朝乘客们喊叫，让他们从座位上爬出去。最后，萨伦伯格沿着机舱过道检查了两遍，确保每名乘客在弃机前都安全撤离了飞机。

几乎同时，救生艇开到了营救现场。消防员汤姆·萨利文、船长理查德·约翰森和赫尔姆斯曼·约翰·瑞索驾着快艇“海事一号”用 5 分钟时间驶过了 40 个街区的距离。萨伦伯格将救生用具扔给蜷缩在部分已浸在水里的机翼上的乘客。萨伦伯格救出的第一名乘客名叫贝弗利·沃特斯，回想被萨伦伯格拉上救生艇时的情景，他这样描述：“他拉我上来好像毫不费劲。”

“海事一号”的救援人员救起 20 名乘客，并把他们带到地铁一个站点的三角形中央地带。为了体现纽约及其消防队员的好客精神，萨伦伯格看着获救者，聪明地笑着说：“欢迎来到纽约。”

机上 150 名乘客和 5 名机组人员全部获救。此事后来被称为“哈德逊河的奇迹”。从多方面来看，这确实是个奇迹。机上人员当时都在祈祷。后来当有人问及机长萨伦伯格他是否也祈祷了时，他说没有，他在全神贯注于驾驶飞机。他相信，身后的人一定在这样做。

哈德逊河上的这个奇迹也许真的得到了神灵的庇佑。但是，最终的成功有赖于非凡的领导力和团队协作。飞行员、空乘人员、航空管制员及营救人员都体现出领导力策略十的精神：永不放弃，天无绝人之路。用萨伦伯格的话说就是：

飞行的每时每刻，我都相信能解决下一分钟出现的问题。我的副机长杰夫·斯凯尔斯和我做了飞行员应该做的事——我们按照训练时学到的做，并在内心追随自己的人生哲学。我们珍视机上的每条生命，我们知道，尽管突然间飞机完全失灵，但是努力去挽救每个人是我们的责任所在，我们从未放弃希望。

心中有办法使我们满怀希望。在日常生活中，人们或许也会经历类似的个人危机，如失业、破产等。不管情况有多么糟糕，或者时间有多么紧迫，事情总会有办法解决。即使情况糟糕透顶，也会有出路，你一定能挺过去。

沙克尔顿和萨伦伯格身上体现出不懈的创造力，这种创造力需要人们确定什么可行，什么不可行。当一条路走不通时，要接受现实，然后另寻出路。当常用方法无效时，要不断寻找新方法。切勿轻率地放弃任何想法，哪怕这想法是异想天开。要想象那些人们意想不到的方法，并鼓励他人也这样做。天无绝人之路，这一坚定信念会带给你寻求出路的力量，而创造力则会带给你找到出路的能力。

探险日志

1. 你如何看待问题和障碍？他们是恼人的意外，还是有可能发生的事？

2. 事情进展不顺时，你通常有何反应？对于可能会发生的令人沮丧的事，你的忍耐度如何？

3. 对于发现问题及寻找解决之道，你是否有一套系统的做法？你会让团队所有成员（包括“麻烦制造者”）参与并寻找创造性解决方案吗？

4. 对于你或你所在的团队来说，什么突破才能让你们实现最高绩效？为了达到绩效顶峰，你是否表现出不懈的创造力？还有什么举措能使你在“探险”中展现全部潜能？

Leading at the Edge

第 2 篇 继续探险之旅

第 11 章

学会在绝境中领导

成为你梦想中的那个人，永远不嫌迟。

——乔治·艾略特

本书第 1 篇介绍的十个领导力策略，为那些想要达到组织绩效巅峰的领导者提供了一幅路线图，以帮助他们实现最大潜能。本章侧重探讨征途中所需的个人潜能——行为、态度、思维方式，以帮助个人像领导者一样实现自己的全部潜能。本章具体探讨一些在我看来有助于绝境中的人们生活、学习和蓬勃向上的品质和行为。

坦然接受自己的无知

我儿子乔纳森 16 岁时有了自己的汽车，一辆跑了 9 万英里、性能良好的日本丰田塞利卡轿车。为了做个好父亲，我花了很多时间强调汽车保养的重要性，试图回想我父亲当年告诉我的一切。

每位父亲或母亲都会强调某些教训或事项，就好像这些是世界上最重要的事。我母亲总是选择最恰当的措辞并以最准确的发音说出这些词。对我父亲而言，人生的核心任务之一便是检查发动机机油，并且留意量油计。

对于留意油量一事，我没有父亲那么疯狂。但为了做一个好爸爸，我也尽量将这一习惯传给乔纳森。结果，儿子将他所有精力都用于保养那辆塞利卡——洗车、打蜡、除灰、喷漆，最重要的是，留意油量。

乔纳森像鹰一样谨慎地留意量油计，等待着重要时刻——加油的来临。当汽车终于需要加油时，我正在房间里弹吉他。乔纳森走进来向我要一只漏斗，脸上满是兴奋。我走到车库拿了一只给他，然后继续回屋弹吉他。

过了一会儿，乔纳森走进来说："爸爸，这只漏斗太大了，我需要一个小一点儿的。"于是我又去车库找了另一只给他说："这个应该差不多了。没有比这更小的了。"我压根儿未想过问问他为什么需要如此小的漏斗。

又过了一会儿，我起身走出屋子看看乔纳森情况如何。他脸上显得极端沮丧。我问道："怎么了？"

他指着发动机。我看过去，发现了一个别具匠心的发明。它看上去像机械工程的一个奇迹：乔纳森用导管将化学实验用的玻璃小管连到小漏斗上。用这个巧妙的装置，他正在加油……你能猜到往哪里加油吗？他并没有将油加入发动机上部的加油口，而是倒进了量油计上的直径为铅笔大小的孔里。他说："爸爸，这样加油永远也加不满啊！"确实永远也加不满！

当我指给乔纳森看人们通常用来加油的那个直径有两英寸的孔时，他恍然大悟。故事的结局皆大欢喜，我们用 3 分钟就将油加满了。直到现在，我们还会嘲笑乔纳森给量油计加油的事。

这个故事的意义何在？除了作为一个汽车修理教练我经验有限之外，我还能想到两点意义。

其一，领导力策略十中的精神（“永不言弃”），只要有足够的创新精神和决心，即使方法不够完美，你也能完成任务。乔纳森将油加入了发动机，即使这耗费他不少时间。

其二，任何技能的获得都是从一定程度的无知和无能开始的。当我们看到人们非常擅长他们的工作时，我们常常认为他们有天赋。随着年纪渐长，一件有趣的事是，你会发现你的一些朋友真的成了能担当重任的人，而且你知道他们是何时做到的。

我的两个海军学院的同学就是这种情况。约翰·道尔顿成了海军部长，而查克·克鲁拉克成了海军陆战队的少校。他们两人才华横溢，早年就显示出将来会有出息。然而毕业 30 年后，在五角大楼看到每个人都对他们敬礼时，我忍不住多看了他们几眼。还是在安纳波利斯当军校新生时我们彼此就认识，那是我们第一次学习如何擦亮军靴，那时他们还未脱颖而出成为非凡领导者。

在研究沙克尔顿的生活时，我惊奇地发现，在首次南极探险之前，他从未支起过一架帐篷，从未在睡袋里睡过觉，从未在帐篷中过过夜，也从未使用过户外便携炉。他从未做过这些最基本的户外事务。但是，为了领导探险之旅，他最终学会了这些技能，在世界上最恶劣的环境中克服了巨大的困难和障碍。

我并不是建议人们在不知如何搭建帐篷的情况下就勇闯南极。但是，我知道我们都得从某一个起点出发。学习在绝境中领导的第一个要点是：能力不足时，要保持镇定。为了学习，你必须接受自己能力不足的事实。不要因为你无能就感到尴尬或沮丧，或者认为自己有问题。

无数故事说明，人们都是从无能发展为专家和内行的。“红色男爵”在第一次飞行中便遭遇飞机坠落；迈克尔·乔丹中学时曾被校篮球队除名；亚伯拉罕·林肯在其政治生涯的初期被认为是位口齿不清、平庸普通的总统。

想要达到任何领域的终极技能水平，特别是领导领域的终极水平，意味着要接受自身能力水平的不足。此外，还意味着要不断提升标杆，在保持坦然、优雅及良好幽默感的同时，学会去完成新任务。

热爱学习的平稳期

我曾经有机会与一位名叫乔治·伦纳德的作家兼武术家相处过一段时间。他的许多想法给我留下了深刻印象。伦纳德研究过关于精通的课题，认为精通的过程包含一个基本要素，即人们乐意接受可怕的平稳期（缓慢不前的状态）。

美国文化极其强调即时的喜悦、快速搞定，以及（新闻采访的）原声摘要播出。我们忙忙碌碌，没时间理会那些费时的事。事实上，“学得快”成为对一个人的最高褒奖。我看到过一则《30 分钟禅宗大师速成法》（*Become a ZenMaster in Thirty Minutes*）录像带的电视推销广告。

在这个速度越来越快的文化中，如果事情没有快速进展，我们就轻易认定哪里出了严重问题。是什么使我们的星球进化得如此慢呢？让我们停下来一探究竟。

真相是，一些事情并非在一夜之间发生。的确，学习会有突飞猛进的进步，但是这些进步常常基于在平稳期的长时间的练习。无论是学习武术还是学着成为一名领导者，当事情发展没有明显进展迹象时，你需要培养耐心，继续停留在令人沮丧的平稳期。

现在，有很多方法让你应对平稳期。你可以休息和放松，也可以转过身去，假装它不存在，或者你可以喜欢上他，如同你喜欢上事情快速进展和强化的时期，然后在平稳期投入注意力、精力和激情。

我相信，学会领导意味着要接受这样的现实：领导力是在长期的努力中发展形成的。领导力有所进步的迹象并不明显，这意味着要学会去热爱平稳期，它是学会绝境领导的不可或缺的部分。

接受恐惧

尽管大部分人不愿意谈论恐惧，但恐惧似乎是我们生活的一部分。每位我与之有过密切交往的领导者——密切到他们真的与我一起度过平稳期，都描述过几次恐惧在他们生活中不断逼近的状况。他们需要应对不确定性的状况，管理模棱两可的情形，而且常常不知道接下来会发生什么。所有这些都是领导者要面对的。

实际上，天性让我们对即将到来的威胁产生与生俱来的恐惧感。这种生理机制具有重要作用：它帮助我们避开危险。生物学家发现，人脑中有一块被称为杏仁体的区域，其功能便是产生恐惧应急反应。

多亏了生物的发展进化，我们已善于与恐惧打交道。但问题是，如果想有一番作为，你就得经常面临会出状况的情形。只要有风险，就有可能失败。你可能会因此而尴尬。有时还会出现更严重的后果：人们可能会因此丢了工作，甚至还会丢了性命。许多环境或事件都可能引起人们的恐惧。

如果恐惧是绝境生存的很大一部分，并且是人的重要组成部分，那么我们就应该了解它。我们应该与它为友，就像乔·赫亚玛斯在其撰写的《武术中的禅宗》(*Zen in the Martial Arts*)一书中建议的那样。与恐惧为友意味着懂得什么对我们个人最具威胁，然后去接受它而非避开它。

能够引起恐惧的事物因人而异。有些人害怕在公众面前发表演说，有些人则害怕冒个人金钱风险，或对处理未知情况感到恐惧，就像著名家庭心理治疗师弗吉尼亚·萨提尔所说：“人们宁愿接受病因明确的生理痛苦，也不愿接受情况不明的心理痛苦。”

与恐惧为友意味着：第一，要明白什么使你恐惧；第二，要了解面临恐惧时你的个人反应。例如，当你感到恐惧时：

- 你有何生理反应？
- 你会对自己说些什么？
- 你感觉如何？

也许你会像可口可乐前任首席执行官罗伯托·高斯达那样，考虑行业的残酷竞争，有人问他晚上睡眠是否良好，“睡得像婴儿一样，”他这样答道，“我两小时醒一次，还会大哭。”

第三，与恐惧为友意味着，你需要找到战胜恐惧的方法，这样便可以将自身效率最大化，例如：

- 你可以将恐惧内容记下。
- 你可以与其他人谈论。
- 你可以回想以前成功处理恐惧的方法。
- 你可以向朋友寻求建议。
- 你可以做其他更恐惧的事，这样你就会忘记最开始恐惧的是什么。

关于恐惧的最后心得：有时恐惧是阻挡我们完成任务的障碍。我们会对自己说：“我做不到，我很害怕。”然而，我在越南时了解到，在真正恐惧时，人们完成任务的能力是多么强。

因此，经历恐惧并不意味着你无法完成任务，甚至并不意味着事情会出状况。在许多情况下，你必然会感到恐惧，它只意味着你在完成任务时会害怕，也许是惧怕。你越接受恐惧，恐惧就越无法阻挡你前进的道路。

寻找学习型组织环境

如果想培养自己在面临绝境时有效发挥领导力的能力，就去寻找一个能提升自己良好领导力的组织。罗伯特·斯科特在达特茅斯学院学习如何成为一名领导者，接受了皇家海军能提供的最好的教育。后来，他通过实地观察海军将领来提升自己的领导技能，就“成为领导者意味着什么”得出了自己的结论。

但是，就像我之前提到的，那时的皇家海军是一个仍沐浴在霍纳尔逊将军胜利余晖下的有缺陷的组织。只有这样的海军还满足于前装式武器装备，而他人已运用先进的后膛式武器装备了。自满的组织势必会产生自满的领导者。

19 世纪 80 年代的皇家海军属于古老的历史，人们更易理解的是一些现代的自满和领导力不足的实例。戴维·纳德勒在其具挑衅意味的《变革的冠军》(*Champions of Change*)一书中叙述了 1992—1993 年的 18 个月内十几位首席执行官被迫辞职的事件。一些极受尊崇的首席执行官被迫从这些公司离职：IBM 公司、通用电气、美国运通、柯达公司、礼来制药厂、联合信号公司、西屋电气、数字设备公司，以及康博电脑公司。纳德勒的观点很有说服力，这些情况的共同之处是：每位首席执行官都是业内佼佼者，之前都有持续成功的记录，但他们都是“成功综合征”的受害者。

“成功综合征”的特征使人想起早期的皇家海军：

- 法典化。一度成功的非正式组织政策变成僵化的组织政策。
- 关注内部。忽略像竞争对手这样的来自外部的威胁。
- 骄傲自满。竞争问题被看做“只是暂时性的问题”。
- 复杂化。内部争斗和保持权力成为人们的主要目标。
- 保守。组织文化正变得越来越规避风险。
- 学习受阻。新的思考难以被组织吸纳。

如同历史事实所表明的那样，这些因素会给组织带来可怕后果。这些特征对于领导者来说也具有直接的含义：下级人员会效仿成功的高级领导者，他们会用组织的主流文化主导其行为。

重要的一点是：如果你想实现作为一名领导者的最大潜能，那就请留意你所供职的组织的文化。如果组织文化与“成功综合征”的特征相吻合，那就寻找另一组织。在对的环境中，你才更可能成为欧内斯特·沙克尔顿，而非罗伯特·斯科特那样的人。

学会保持旺盛活力

本书第 4 章探讨了危情中领导者保持精力极其重要。然而，关于保重自我，还有另一条更为广阔的思路，我称之为“保持旺盛活力的艺术”。

保持旺盛活力的艺术，所强调的是人的整个一生都要保持事业的成就感和个人的幸福感。我相信，能成功做到这一点的人会将图 11-1 所标出的人生架构的 5 个要素很好地融为一体。

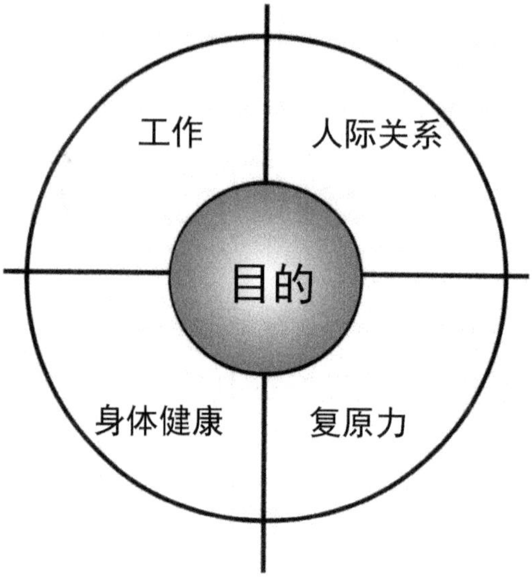

图 11-1　保持活力的生活构架

每个人都有一些独特的需求。要让生活的 5 方面——工作（Work）、人际关系（Relationship）、身体健康（Physical Health）、复原力（Renewal）、目的（Purpose）尽在掌控中，同时要保持 5 个要素的平衡，这对保持个人旺盛活力具有重要意义。

工作

有人会带着激情兴奋地投入工作，从这些人的角度去看待工作很有意思。在谈到音乐表演时，艾萨克·斯特恩表示，小提琴演奏不仅是工作，还是一种生活方式。“它是一种说话方式，一种表达方式……当你和创造力合二为一时，那是令人狂喜的时刻。那种感觉非常特别，这也是作为音乐人的意义所在。”

要体验创造性地表达自我的工作，你不必成为小提琴家。任何职业都可以，从计算机技术到投资金融，不一而足。关键在于，要确保你独特的长处得到发挥，使你有满足感，觉得生活有意义。要检验工作给你带来怎样的活力，可以问自己以下问题：

- 工作中，你是否发挥了自己的长处，是否发挥了自己突出的能力？
- 你是否享受自己的工作？是否感受到乐趣？
- 你是否从内心深处对自己的工作感兴趣？你是否发现了你从事的工作的实质？
- 工作是对你自身的一种创造性表达吗？

如果答案大多是肯定的，那么你很幸运，就像艾萨克·斯特恩一样。如果你的答案大多是否定的，那么是时候反思自己的生活了。也许问题在于工作本身，或者源于你生活结构某个环节的系统问题。

人际关系

对于压力管理和提升个人福祉而言，支持性社会关系很重要，这一点已一再得到证明。困难时有人能出手相助，这是一副可为你疗伤的“心灵镇痛剂”。然而，对于有大成就的人而言，建立这样的社会关系可能比较困难。进入快车道的生活，使他们几乎没有时间去培养一种能给彼此最大支持的关系。

这一点在过渡时期，如搬家、进入新组织、开始一份新工作时尤其明显。在这些变化时期，先前建立的社会关系系统往往被连根拔起。更糟糕的是，新环境的挑战和作为新成员要达到标准的焦虑会让你觉得没时间进行社交活动。

在过渡时期花时间发展人际关系比其他时期更重要。但是对于正常生活中的人际关系，你还是需要给予特别的关注。你也许需要定期问问自己以下问题：

- 哪些人给予你支持和培养？
- 生活中哪些人真正关心你这个人，而不仅仅只在意你的工作头衔？
- 工作之外，你是否有一个令你有归属感的团体或社群？
- 你是否会花时间培育生活中的重要人际关系？

身体健康

斯巴达人有这样一句话："没有健康的体魄，就没有健全的头脑。"健康的身体有助于你做出正确决定。在我研究过的领导者中，许多人的成就完全归功于他们健康的体魄和过人的精力。遗憾的是，当事情变得紧迫时，健康体魄的重要性就会被忽视。人体基本的需求，如睡眠、食物、运动等，都值得我们关注。可以问自己以下几个问题：

- 你睡眠是否充足？睡眠能否使你得到充分休息？
- 你的饮食平衡吗？你是否用咖啡来代替睡眠或运动？
- 你是否进行足够的锻炼？定期的锻炼使你精力旺盛。这并不是要求你参加三项全能之类的运动，每周 3 次的快走就很有益处。走路不需要专门的装备，只要走在路上就行。关键一点是，尤其当你在外旅行时，要提前做好计划，将锻炼身体看做工作的重要部分。
- 你是否每天留出至少 15 分钟专门用于放松身心和缓解压力？

复原力

有些人注意上述几点后仍觉得精力不支、疲惫无力。问题的原因常常是你没有留出我称为"复原力"的空间——一些会给你的生活重新注入活力的独特的个人活动。

- 生活中你是否拥有这样的空间：在其中你可以参与一些使自己重新

焕发活力的活动？

- 你是否有这样一些时候：你无须照顾他人需求，自己沉浸在业余活动中，这些活动使你全神贯注，活力再生？

目的

保持旺盛活力的第五个要素与人们寻找生活深层意义的能力有关。目的是基于一系列潜在的价值观，如什么重要、什么正确、什么值得做。对有些人来说，他们的人生目的有一个精神基础；对于其他人而言，目的关乎一些信念，即相信科技进步、知识更新这些方面非常重要。我再以艾萨克·斯特恩为例，他说："从 15 岁开始我就参加音乐会演出。世界对我来说很美好，我从世间得到很多，我应该回报给世界一些东西。"

无论目的源于什么，找到目的与意义的能力是抗压及长寿的极其重要的决定性因素。要关注自己对深层次问题的感受，这很重要。若缺少潜在的方向感，你就很难保持最高绩效或最高个人效率。花些时间考虑下列问题：

- 你如何认识自己的生活方向？
- 哪些深层次价值观在引导你的工作？
- 生活的其他部分，工作、人际关系、身体健康和复原力，是否与你的目的一致？

平衡

保持旺盛活力这门艺术的最终技巧是要在 5 个因素中找到平衡。当然，没有人能在生活中确立并保持完美的平衡。个人成长和职业生涯成长的过程都会经历变化、尝试、风险和错误。保持旺盛活力并非刻意确立一种僵化的平衡；相反，其本质在于自己能了解生活何时失去了平衡，何时需要恢复平衡。

培养这种能力是一个终生的过程。著名武术老师莫瑞黑・尤氏巴曾经被一个学生这样问道："师傅，你受到攻击时从未失去过平衡，这是怎么回事？"他的回答可看做一个比喻："我经常失去重心，但是我会迅速恢复平衡，快得让你根本觉察不到。"

掌握保持旺盛活力的艺术还意味着：有勇气探索未知世界；愿意冒失衡的危险，并坚持不懈地努力恢复平衡。这是个艰辛的旅程，但是回报是巨大的。

活出自我需要时间

领导力的最后一点心得源于我学习演奏次中音萨克斯的经历。学习过程中，我将大量时间花在学习的平稳期——也许根本就是"基础期"，但是我却备感沮丧。我之所以坚持不懈没有放弃，其中一个原因是我的老师史蒂夫对我的鼓励，他是一名优秀的萨克斯老师。

我总是将讲课录下来，这样可以听到史蒂夫是如何演奏的，同样也能听见我自己的演奏，从中了解自己怎样能吹得更好。听到自己的吹奏，我通常都觉得不满意。但是有一天当听到自己即兴演奏的一首《蓝色博萨》曲子时，我震惊了。太棒了，曲子委婉流畅，我觉得自己非常有创造力，曲子吹奏得几乎完美。录音带放到后面时，我听到了自己提问题的声音。我真是太厉害了，可以在演奏的同时还提问题。

然后，我突然明白：我事实上一直在听史蒂夫演奏。这令我很泄气，但是我很快就调整了过来。在这之后的一次课上，我说："史蒂夫，我很沮丧。我以后能像你那样即兴演奏吗？"他拿出一支铅笔，然后在我的曲子上写下一个词："时间"。

学习需要时间。一旦理解了这一点，你便会意识到，成为一名领导者或音乐家，你得亲自一步一步去走。是的，你需要实践和练习；是的，你必须得努力；是的，领导他人或演奏乐器是有诀窍和技巧的。但是你独特的个人风格决定着你的学习进程。正如伟大的小号演奏家迈尔斯·戴维斯所说："我总能辨别出，哪些人在试图模仿我或模仿其他音乐家。有时，需要相当长时间的练习，你才能演奏出自己的风格。"

第 12 章

后记：成就非凡领导者之道

要进行科研探索之旅，让斯科特来；要想探索之旅高效快速，让阿蒙森来；若危情不断、绝望丛生，那就跪下来祈求沙克尔顿来吧。

——埃德蒙·希拉里

南极的环境是地球上最恶劣的，南极探险家的传奇探险经历清楚地表明：领导者的风格、领导者的人格、领导者的策略，以及创新意愿之间的相互作用，会决定探险领导者获得成功或遭遇失败。他们的故事显示：优秀的领导者如何激发出他人最好的一面，从而实现超越；变化的文化视角与群体情感如何使领导者的感知发生改变。

十多年前，完成本书的写作后，我继续研究那些勇敢地向冰天雪地的南极进军的探险家的事迹。我前往南极旅行，以便能亲眼看看沙克尔顿当年在南极探险的落脚地。而且我也了解了更多有关谁先抵达南极点的那场历史性竞赛，在关于绝境领导的历史资料中，这场竞赛是最令人兴奋且最有争议的篇章。

竞赛

谁是南极探险竞赛的赢家，毫无疑问是来自挪威的探险家阿蒙森。凭借其团队出色的滑雪与雪橇驾驭能力，挪威探险家甚至还相对轻松地穿越了南极洲。他们每天仅行进 6 小时，其余时间用于休息和睡眠。多亏了他们计划周密的饮食方案和清楚标明的物资仓储地，一路上，他们未曾缺过食物。

阿蒙森和队员们于 1911 年 12 月 14 日抵达南极点。阿蒙森意识到，作为一个团队，5 位成员把他们的性命都压在了这次探险上。所以到达南极点后，他坚持所有队员一起将挪威国旗插在南极点上。

当阿蒙森沉浸在胜利的喜悦中时，斯科特及其队员仍挣扎着向南跋涉，他们不知道他们已输掉了那场竞赛。与阿蒙森的出发地相比，斯科特的出发地离南极更远，远 70 英里。另外，斯科特决定既使用雪橇狗，也使用矮种马来拉雪橇，因此他们的行程又耽搁不少。结果，他们最后一个食物储存地“一吨营地”比他们原先设定的目标还差 25 英里。食物短缺、天气恶劣，以及斯科特的一系列决策失误和计算差错，对斯科特及其冲刺极点的团队都构成了致命打击。

1912 年 1 月 3 日，斯科特做了个迟到的决定。尽管原先冲刺极点的计划是由 4 人小组完成的，但斯科特却令人费解地向队友宣布，他决定多带一名队员完成最后的行程。

由于雪橇上配备的食物和他们的帐篷只够 4 人使用，所以斯科特改变计划又使行动变得复杂起来。此外，他们之前只购买了 4 副滑雪板，导致冲刺极点小组的行进速度受阻，他们几乎在走。

斯科特和他的队员于 1912 年 1 月 17 日抵达南极点，比阿蒙森的团队晚了 35 天。找到阿蒙森的探险队后，斯科特这样写：“谢天谢地！这个地方太糟糕了。我们历经艰辛到达这里，却不是这场竞赛的赢家，真够扫兴的……现在，回程是一种绝望的挣扎。我不知道我们是否能做到。”

结果他们没能做到。一个月后，一名队员陷入昏迷，随后离开人世。又一个月后，另一名队员提图斯·奥茨踏进一场暴风雪中，再也没有回来。奥茨忍受着严重的冻伤之苦，显然，他宁愿选择牺牲自我，也不愿继续拖累同伴。

3 月 19 日，又一场暴风雪将其余 3 位幸存者围困。他们被困在离“一吨营地”仅 11 英里的地方，随身携带的食物仅够两天。3 月 29 日斯科特写下了最后的日志：“我们将坚持到底，离目的地不远了，请求上帝怜悯我们的人。”

8 个月后，探险队的幸存者来到了斯科特冲刺极点小组的帐篷。他们不仅发现了斯特特和他的两个同伴，还找到了雪橇上重 30 磅的地质岩石标本。这些沉重的标本证实了斯科特为科学探索的献身精神。这些岩石标本并非导致斯科特悲剧性死亡的主要原因。然而，尽管这些岩石标本具有科研价值，它们却表明了斯科特的内心矛盾：既想完成竞赛，又想带着岩石标本一路同行。

南极探险竞赛中的领导力启示

直到今天，南极探险竞赛的魅力一直不减。对 20 世纪的多数人而言，斯科特是一个英雄人物。但是到 20 世纪末，史学家开始质疑斯科特的领导力。在他们眼中，斯科特并非英雄，而是犯下决策错误的愚者，决策失误使他不仅输掉了冲刺极地的竞赛，还搭上了自己及队友的性命。极地竞赛的赢家阿蒙森因其狭隘的求胜心理和“盗取荣誉”的不诚实而遭诟病。尝试向南极点进军，却于 1909 年折回的沙克尔顿则受到舆论攻击，称他不爱国：他未以自己及队友生命为代价去赢得竞赛，而将胜利拱手让给了一名外国人。尽管如此，由于在经历了 634 天的令人难以置信的艰难跋涉后，沙克尔顿仍成功地将所有队员活着带回了家，因此他脱颖而出，成为一名杰出的领导者。

在他们 3 人中，是否有一名最杰出的领导者？从冰天雪地的极地探险经历中，人们是否能得出一些领导力的深层次启示？

卓越的领导需要清晰的策略焦点

阿蒙森最初的雄心是要成为到达北极点的第一人。但是当库克和皮尔黎夺得了这项殊荣后，阿蒙森便立即将其注意力转向赢得到达南极点第一人的竞赛。这个新目标成为其远征的中心任务。以此单一动机为目标，阿蒙森制定了远征的计划，并考虑哪些为重中之重。坚定而清晰的目标使他最终成功到达南极点，也使他能将探险队员安全地带回家。

相反，斯科特则缺乏这种专注力。为了达到其科研方面的目标，斯科特聚集了最能干的科学家，配备了装备最精良的探险队伍向南极出发 。同时，他还宣称远征的主要目的之一是到达南极点，使大英帝国获得第一个到达南极点的国家的荣耀。在努力达到这两个目标的艰难行程中，斯科特输掉了竞赛。他精疲力尽地向南极点进军，这与科研追求的目标不一致。

成功的领导者接纳新想法

极地竞赛的第二个启示涉及领导者在培养创新精神时所起的关键作用。创新能力的培养有赖于人们对新思想的开放心态，以及从经验中学习的能力。在领导力方面，阿蒙森、斯科特和沙克尔顿有明显的区别。

挪威人将他们的成功大部分归功于他们在极地之旅中使用了先进的装备——雪橇、狗、衣物及饮食。雪橇是挪威文化中不可或缺的一部分，相对而言，英国人几乎不了解雪橇的艺术。阿蒙森一生都在练习极地生存技能。他曾跟着“贝尔基卡号”学到了不少东西：他学习爱斯基摩人的智慧，又系统地练就了一套极地生活和旅行的本领。他选择的前往南极点的路线很棒，属于常规路线，他成功地避免了斯科特不得不忍耐的极端天气。

与此相反，斯科特和沙克尔顿却对这些常规路线很抵触。这就让人很容易理解，为什么在1902年第一次前往极点的征程中他们没有配备最好的装备。尽管斯科特承认，他们的设备在出发之前没有经过检测很令他惊讶。然而，在随后几次探险中，他们仍然使用不成熟的，或者说低级的装备，这令人费解。

斯科特相信，他已吸取了教训，但是事实却相反。在随后的探险中，沙克尔顿和斯科特都使用了雪上摩托和矮种马，但均未成功，但是他们谁也未充分利用狗和滑雪板。最终，沙克尔顿和斯科特都不得不依靠人力缓慢又费力地拖拽着雪橇行进。

尽管斯科特年轻有为，精力充沛，但他常常因循守旧，不接纳新思想，而且不能吸取教训。在其最后的“致公众”中，斯科特将失败原因仅仅归于“不幸”。的确，在漫长的征程中，斯科特和他的探险队遭遇了极端严寒天气带来的厄运，而阿蒙森采用速战速决的策略避免了这种厄运。但是阿蒙森的成功绝非偶然，他事先精心策划、精心准备，而且拥有极地旅行经验，所有这些使成功成为可能。他这样说：

> 我想说，探险的装备得当是个非常重要的因素。我们预见了所有可能出现的困难，为避免陷入困境，我们采取了防范措施。成功总属于有准备的人，人们管这叫“幸运”；不及时采取防范措施的人注定会失败，人们管这叫“不幸”。

领导者需要汲取团队的智慧

作为一名探险领导者，斯科特相信，分析情况和做出决策是他特有的责任。他对决策秘而不宣，有时会在最后一刻将决策公之于众，他临时决定让第五名队员参加极地冲刺就是一例。这种决策风格的后果之一便是，他常常无法听取他人意见，以找到最佳行动方案。另外，由于其他队员没有参与决策，探险队员对决策依据的理解也很有限。

与斯科特形成强烈对比的是，阿蒙森和沙克尔顿都强调征求队员想法的重要性。结果，探险队员对行动方案更为了解。而征求意见的过程本身，由于它带给人们一种控制感，增强了队员的主人翁意识和参与度。

最优秀的领导者会构建强有力的团队纽带

极地竞赛表明：面临令人生畏的困境，最优秀的团队领导者能构建出凝聚人心的团队纽带。对于这一点，斯科特再次有别于沙克尔顿和阿蒙森。的确，斯科特激发出了团队一些核心队员的忠诚感，而且其命运悲惨的冲刺极点的队伍到最后一刻也没有分裂。但是斯科特与队员疏离，强调等级制度，而且具有单向决策风格，这些都对团队凝聚力的形成构成了障碍。

尽管沙克尔顿和阿蒙森未能带领队员走出一条和谐完美的探险之路，但是他们都展现出凝聚团队所需的关键技巧。尽管二人性格迥异，但是无论是外向直率的沙克尔顿，还是含蓄谨慎的阿蒙森，他们的领导实践都非常相似。对自己队员的情绪他们都非常敏感，在士气低落时他们都会有意识地介入并加以调整。他们擅长管控冲突，擅长做潜在麻烦制造者的心理工作。与等级或社会地位相比，他们更看重个人能力。他们会和其他队员一起做最基本的露营杂活，从未将自己与探险队其他队员隔离开。这些行为，无论是实实在在的还是具象征意义的，都向队员强调了团队是一个整体的信息。

斯科特也许没有像阿蒙森和沙克尔顿那样，展现出同样水平的情商，但 3 位探险家身上都具有一些共同的重要特征。他们都能用非凡的毅力、决心和勇气，忍受不同寻常的艰难困苦。对任何领导者而言，这些品质都至关重要——无论他们参与的是何种竞赛。

如何看待成功与失败

对于面临当今诸多挑战的领导者而言，又一个问题出现了：作为领导者，沙克尔顿是成功者还是失败者？的确，他领导探险队员成功地完成了史上最伟大（人们对此有争议）的极地探险。然而，不可否认的事实是：这支南极探险队并未实现征程的目标——横跨南极洲。

沙克尔顿的批评者认为，鉴于冰天雪地的严峻环境，他一开始压根就不该从南乔治亚岛启程；他应配备更多不同的装备；他并没有为每个可能发生的情况做好应急计划等。另外，还有另外一些人将沙克尔顿看做一个完美的领导者，对他崇拜有加。

我认为，任何将沙克尔顿归为成功者或者失败者之列的尝试都毫无意义。毫无疑问，沙克尔顿的探险队没有实现其最初的目标。沙克尔顿是否是合格的领导者，此问题没有一个简单或确切的答案，任何结论都有赖于对沙克尔顿的领导力进行评价的评判标准。

毋庸置疑，作为个体，沙克尔顿展现出了非凡的决心和毅力，但是他的成就远不止这些。他也为团队构建了强有力的纽带，在团队濒临饿死边缘时，队员们仍愿意互相分享最后的口粮。正是这种团队力量才使他们克服了巨大的困难。尽管沙克尔顿未能实现横跨南极的目标，但是他履行了最初探险招员广告许下的承诺：任何参与“坚韧号”探险之旅的队员确实都得到了“荣耀与认可”。

如果按成功的标准去衡量沙克尔顿，他既是成功者也是失败者，又或者两者都沾边。我相信，关于沙克尔顿的探险故事，以及此书讲述的其他探险故事，还有一个更私人的问题：作为一名领导者，你如何衡量自身的成功与失败？你评价自身绩效的标准又是什么？

衡量成功的一个显而易见的标准是，你是否完成了最初着手做的事，即你是否完成了既定目标。然而，即使这个乍看起来一目了然的标准，实际上也较复杂。你是否达到了目标，不仅取决于你自身的努力，还取决于外界的因素，如类似大海和极寒天气这样的因素。

另外，还有其他可能会直接影响你是否能完成目标的因素。你的目标实现起来有多大难度？你愿意努力到何种程度？你想为自己定多高的标杆？如果设立较低和较易实现的目标，你可以极大地提高成功的胜算。这种策略确实能带你走向“成功”，但不是绝境领导力的核心。

达到绩效极限的本质是一种探索——开辟新领域，达到新极限。这个探索的过程必然会伴有风险，最初的目标可能会失败，或者由于有新的发现，探索目标可能会改变。

当然，没有人喜欢失败，甚至没有人喜欢不可预知性，特别是在当今的生意场上。我这样想象过，假如哥伦布是一位首席执行官，华尔街的分析家会将这样的问题抛给他：

> 哥伦布先生，你曾许诺能行驶到日本，在亚洲建立一个贸易站，与中国皇帝建立外交关系，并带来香料和黄金。这些目标，你一样都未能实现。相反，你在错误的地方登陆，带回来的只有玉米、棉花、吊床……嗯，还有一些雪茄。你也许发现了新大陆，但是你没能实现当初许下的诺言。对于缺乏亮点的表现，你如何解释？

遗憾的是，探索新大陆的决定——无论是地理层面、文化层面，还是经济层面，必然带有潜在风险和不确定因素。没有人能确保事情恰好如计划的那样进展顺利；此外，也没有一个模式供人们判断，设定目标时最适合的难度是怎样的。但是有一点确定无疑，想要成就非凡事业，即达到极限目标，必须愿意去设定崇高的目标；而且必须愿意去冒这样的风险：他人可能会将你努力的结果看成一种失败。

许多标准可以用来衡量成功，包括：

- 达成了既定目标。
- 如果既定目标必须有所改变，就要达成新目标。
- 大胆接受挑战。
- 避免失败。
- 得到荣耀或认可。
- 取得经济上的成功。
- 对同伴表现出忠诚。

每个人都必须确定，这些（或其他）标准中哪些重要，应如何衡量每个标准。这些标准的衡量最终都归结到价值观问题，而价值观反过来又决定一个领导者如何行事。

史蒂芬逊，“卡勒克号”探险队的领导者，在探险早期曾从北极发回体现其价值观的要件：

> 实现探险目标远比安全返回更重要。这意味着，虽然要采取所有适当的防范措施确保队员的生命安全，但探险后援人员和探险队员都意识到，与完成探险任务相比，甚至队员的性命都是第二位的！

此番话包含的价值观使史蒂芬逊随意就将探险队抛到一边，这些价值观也使他后来认定死亡 11 人是最小的代价。他认为：“与第一次世界大战数百万计的死亡人数相比，为了科学进步而牺牲十几条人命可谓九牛一毛。”他忘了提及自己的傲慢、不负责任，以及领导力不足在这场悲剧中的作用。然而在史蒂芬逊看来，那次探险取得了很大成功，它加深了我们对“友好的北极”的了解，并使他对其个人事业更雄心勃勃。

史蒂芬逊对“卡勒克号”及其队员漠不关心，与此态度形成鲜明对比的是，沙克尔顿对队员安全返回极为关心。在“坚韧号“被毁的那天晚上，沙克尔顿躺在帐篷中，毫无睡意，一心想着自己的责任：

> 现在的任务就是要确保探险队员的性命。要达到此目的，我必须尽我的体力和脑力之所能，并用上从过往亲身经历中所获得的一切知识。这次任务可能漫长而艰巨，如果要在无人员损失的情况下完成探险，就必须保持头脑清醒，还必须制定一个清晰的计划。

正是出于这种责任感，沙克尔顿才一次又一次做到先人后己，将自己的手套和靴子给予更需要的人，而且总是主动提出第一个守夜，并且值守的时间最长。

在乘救生船前往南乔治亚岛的途中，正是出于对留守队员的关心，沙克尔顿才向弗兰克·沃斯利吐露了一番真心话："船长，假如我遭遇不测，而我的队员仍在等我，我会觉得自己像个谋杀犯。"也是这种责任感驱使他不知疲倦地努力寻找船只，以拯救留在大象岛上等待救援的队员们。

正是这种真诚的关心激发了探险队员对沙克尔顿的忠诚，这种忠诚一直延续到生命尽头。沙克尔顿的真诚打动了沃斯利，他后来说：

> 为纪念他，我们作为他的伙伴，在南乔治亚岛的一处微风轻拂的山坡上为他建了墓碑。当我们看着这块墓碑，在我看来，在他所有成就与胜利中，他的那次失败的探险最为荣耀。带着自我牺牲精神，将自己的生命置之度外，他挽救了我们所有人……

无论其他人如何看待他的成就，沙克尔顿最亲近的人对沙克尔顿作为一名领导者，也是一名队友的评价，这一点毫无疑问。

我相信，沙克尔顿及其他直面人类忍受力极限的人，都在世间留下了无价遗产。这些遗产包含本书所讲述的领导力策略，但是还远不止这些。从他人的经验中得到的启示可以帮助人们明晰自己的个人价值观，并决定自己想成为什么样的领导者。通过自我界定，我们能更好地达到潜力的极限值——无论我们选择何时、何地来追求这些极限值。

Leading at the Edge

第 3 篇　绝境领导力工具

探索工具

本篇介绍几种工具，帮助你继续提高领导技能。

第一个工具是“关键领导技能调查”，帮助你评估自己在本书讲述的十大领导力策略方面的实践情况。调查旨在促使你思考自己的领导方式，它并不对你的领导力做出绝对的最终定论。

然而，调查问卷让你回顾和反思，它也可用作一个有效的反馈工具。我发现，让他人完成“关键领导技能调查”，以评估自己的领导方式，这一做法颇具启发性且富有成效。

第二个工具是“领导力探索：个人提升计划”。它是一个全面的专业发展计划。它将两者合二为一，从“关键领导技能调查”得到的感悟，以及你对第 1 ~ 10 章最后的探险日志中问题的回答。

第三个工具是“找到隐性冲突：麋鹿显现”。该工具旨在帮助领导者找到妨碍生产力和团队团结的问题。此部分还会介绍在哪些情形下此工具最适用，并就“麋鹿显现”给予仔细说明。

第四个工具是“解决冲突：武术的启示”。一旦找到冲突根源，该工具就可以帮助领导者解决棘手问题。这种协作式解决冲突的方式运用了日本“合气道”中的原则，给予领导者一个新的视角去解决冲突。

关键领导技能调查

说明

回答下列 30 个问题时，想一想你在某特定情形或扮演某个特定角色时的行为方式。例如，可供参考的情形或角色可以是：

- 作为某团队或某组织的正式领导者，你的领导方式
- 作为工作团队的成员，你在其中发挥的领导作用。
- 个人或职业生涯遇到困难时，你的自我领导和自我激励方式。

依照下列评分标准，根据自己的情况回答后面的问题。

1 = 从不

2 = 很少

3 = 有时

4 = 常常

5 = 总是

如果难以回答某问题，就选择最接近你实际情况的那个分值。

关键领导技能调查

	从不	很少	有时	常常	总是
1. 你对组织的未来方向有清晰的画面。	1	2	3	4	5
2. 你善于用象征符号和画面来交流需要做的事。	1	2	3	4	5
3. 你向他人灌输乐观和自信的感受。	1	2	3	4	5
4. 你通过睡觉、锻炼和良好的饮食习惯来保持精力旺盛。	1	2	3	4	5
5. 你经常强调团队一体的重要性。	1	2	3	4	5
6. 你表达出愿做“初级”工作的意愿。	1	2	3	4	5
7. 你善于通过一点一点地解决冲突来缓解紧张局面。	1	2	3	4	5
8. 你会找一些值得庆祝的事情来庆贺，甚至在困境中。	1	2	3	4	5
9. 你善于表达出愿意适度冒险的意愿。	1	2	3	4	5
10. 面对逆境，你不屈不挠。	1	2	3	4	5
11. 你能清楚地与他人沟通组织未来发展方向。	1	2	3	4	5
12. 你以身作则来强调关键举措的重要性。	1	2	3	4	5
13. 你会实事求是地评估自己的处境（包括威胁和机会）。	1	2	3	4	5
14. 你善于摆脱所犯错误带来的内疚感。	1	2	3	4	5

	从不	很少	有时	常常	总是
15. 你善于表明，人人都可为群体贡献其技能。	1	2	3	4	5
16. 你善于尽量缩小会造成地位差距的标志及特权。	1	2	3	4	5
17. 你善于确保对事不对人，避免无谓的权力斗争。	1	2	3	4	5
18. 你善于用幽默化解紧张局面。	1	2	3	4	5
19. 你善于鼓励人们勇敢实践新想法。	1	2	3	4	5
20. 你善于传达出对未来充满希望的信念。	1	2	3	4	5
21. 你善于调动他人的精力去实现短期目标。	1	2	3	4	5
22. 你善于用比喻和故事交流想法。	1	2	3	4	5
23. 你善于考虑矛盾或“负面”观点的好处。	1	2	3	4	5
24. 你在日常生活中懂得放松自己，以恢复精力。	1	2	3	4	5
25. 你善于将整个团队凝聚到一起，开会或进行其他活动。	1	2	3	4	5
26. 你善于真诚地关心和尊重他人。	1	2	3	4	5
27. 你善于和“麻烦制造者”或持异议者保持联系。	1	2	3	4	5
28. 你善于让自己有机会进行定期的社交活动。	1	2	3	4	5
29. 你善于重视从错误中总结学习。	1	2	3	4	5
30. 面对难题，你善于鼓励人们回顾，并调动他们的创造力。	1	2	3	4	5

评分说明

第一步　记下每个问题的得分。每 3 个问题衡量一项领导力策略的实践情况。接着，将每个领导力策略得分加起来。

策略一：
愿景和速胜

问题	分数
1	____
11	____
21	____
总分	____

策略二：
象征和个人榜样

问题	分数
2	____
12	____
22	____
总分	____

策略三：
乐观和现实

问题	分数
3	____
13	____
23	____
总分	____

策略四：
保存体力

问题	分数
4	____
14	____
24	____
总分	____

策略五：
团队观念

问题	分数
5	____
15	____
25	____
总分	____

策略六：
团队核心价值观

问题	分数
6	____
16	____
26	____
总分	____

策略七：
冲突

问题	分数
7	____
17	____
27	____
总分	____

策略八：
学会放松

问题	分数
8	____
18	____
28	____
总分	____

策略九：
风险

问题	分数
9	____
19	____
29	____
总分	____

策略十：
不竭的创新

问题	分数
10	____
20	____
30	____
总分	____

关键领导技能曲线

第二步　接下来，在下列表格中，根据在第一步得出的每个策略的总分，绘出你的领导技能曲线图。

15											
10											
5											
1											
	愿景和速胜	象征和个人榜样	乐观和现实	保存体力	团队观念	团队核心价值观	冲突	学会放松	风险	不竭的创新	

关键领导技能分析指南

1. 在你的领导技能曲线中，是否某方面使你感到特别惊讶，但又不理解为什么，如图中的低点或高点？

2. 如果有，研究一下相应的领导力策略所对应的那些问题。这样做是否有益于解释你的曲线图？

3. 十大领导力策略里，你的最强项或最擅长的是哪一个？

4. 哪些策略还有待加强或变得更熟练？

领导力探索：个人提升计划

开始探险之旅时，地图向来很有用。我发现，在提升领导力的过程中，在脑海里备一张路线图也大有裨益。此路线图是一个系统过程，它包括 5 个阶段：

1. **评估**。你现在是怎样的人？
2. **愿景**。你想成为怎样的人？
3. **克服障碍**。你可能会遇到什么障碍？你将如何克服这些障碍？
4. **行动**。你需要采取哪些具体步骤实现自己的愿景？
5. **坚持**。你将如何应对挫折，保持良好势头？

当然，这些阶段只起到路标作用，提升过程并非总是单向发展。例如，在设定愿景的过程中，你可能会对目前的自己有更深入的认识。以下问题和练习会帮助你明晰每个阶段的情况，加深你对即将开始的领导力之旅的认识。

评估

1. 作为领导者，你有哪些强项？哪些技能、知识及个人品质有助于你进行绝境下的领导？

2. 你在哪些方面需要提升？这些方面一旦提升，你就可以提高自己的领导力。

3. 能让你精力充沛的活动有哪些？能够让你有活力、让你真正喜欢的活动是什么？

4. 关于领导力，你的核心价值观是什么？能为你带来指引和意义的信念是什么？

愿景

1. 想象现在是将来的某个时刻。你已经充分发挥了自己作为领导者的潜质，能够领导他人实现最高绩效。

2. 生动详细地描述一下：你现在是怎样的人？你在做什么？你典型的一天是怎样的？你在想什么，感受如何？尽可能详细地勾勒这个画面。

3. 写一个简短的句子，高度概括你的愿景的实质。

4. 有没有具体的形象可代表你的愿景？

克服障碍

1. 有哪些障碍阻挡你实现愿景？这些障碍可能是客观的，也可能是主观的——你可能认为自己能力有限，这会导致你不能充分发挥自己的才智。把这些想法写下来，用“我”字句列举这些障碍（例如：“我无法成为具有领导魅力的领导者，因为我过于内向。”）

2. 选出其中最棘手的障碍——那些你在一定程度上可以掌控的障碍。

3. 现在，想出尽可能多的办法克服这些障碍。常常有益的做法是，让朋友和同事帮忙。你想不到的办法，他们可能会想到。寻找办法的其他策略还有：

- 搜寻机遇。问题里可能会藏着怎样的机遇？
- 运用比喻。可以用什么具体的形象代表问题（如一堵墙、一座山、大片浮冰）？在考虑如何克服这些象征性障碍的过程中，你也许会找到办法。
- 分块解决。试着将障碍切割成较小的碎块。现在你是否能找到一个解决办法或切入点？

行动

1. 既然已经设定好了愿景，并找到了克服障碍的策略，现在你可以设定实现愿景的一系列目标。为了提高效率，这些目标应该：

- 具体。例如，你的目标可以是“参加×大学举办的冲突应对研讨会”，而不是笼统地说“提高应对冲突的能力”。
- 积极。目标应该用“去做”这样的字眼表达，而不是“避免”或“不做”。
- 有挑战性，但可以实现。挑战自我，但不要设定不理智的目标。

2. 既要有长期目标（3～5年），又要有短期目标（0.5～1年）。

坚持

列举一些能让你持续提升领导力的条件。可以考虑以下问题：

1. 你有哪些外部援助？你如何获得他人帮助与支持？

2. 应对困境和挫折，你有哪些备用方案？
3. 你会以何时、何种方式花时间反思自己的进步？
4. 获得过渡性成果时，你如何奖励自己，如何庆祝成功？
5. 有哪些有形的象征符号可以帮助你一直专注于愿景的实现？

领导力探险路线图

用一大张纸，勾勒一幅路线图或流程图，展示你计划好的探索路线。起点是你评估出的目前自己的处境状况，终点是你的愿景。画出你将踏上的路线，在重要的里程碑上标注预期要完成目标的日期，并标注出可能会遇到的障碍，以及克服障碍的方法。可以发挥创造性，运用与自己个人相关的生动形象。

找到隐性冲突：麋鹿显现

领导者面临的一个重要问题是，如何发现可能会使探险之旅受到耽搁的冲突。如果人们发现不了冲突之源，问题就会一直存在，并有可能变得更糟。这里的挑战是，如何最佳地营造一个安全的空间，使人们在其中可以讨论问题，并最终解决问题。如果领导者真希望了解并解决问题，那么以下做法会很有益。

如同第 7 章所描述的，麋鹿代表的是人人皆知却无人去讨论的潜在隐性冲突，如绩效问题、无效的组织结构、传达混乱信息的领导行为等。麋鹿显现旨在发现这些问题以便问题得以公开解决。

乍一看，麋鹿这个比喻似乎太过做作。但是我们发现，这个比喻效果很好——有时人们真的使用一只充绒的麋鹿玩偶，甚至还模仿麋鹿叫声。

开始进行麋鹿显现之前，先问 3 个问题，这很重要。第一，现在进行麋鹿显现是否是合适的时机？尽管有许多冲突需要应对，但是如果此时探险之旅遭遇雪崩，等雪崩过去再处理冲突也许是理智之举。第二，你真的准备好面对真诚的反馈了吗？只有在领导者及整个团队都愿意坦率地谈论问题并共同寻找解决方案时，麋鹿显现才会有效。第三，问题需要团队集体讨论来解决，还是需要一对一的讨论来解决？这有一个警告：有些领导者试图通过一系列的一次性谈话来解决群体问题。如果是团队问题，请与整个团队一起谈论和解决。

假设对以上问题的答案都是肯定的，那么下一步便是指派一名“麋鹿牧人”。牧人——他最好不直接受制于团队领导者——应该由那些了解组织情况并很受大家信任的人来担当（他在场大家可以直抒胸臆）。牧人负责收集要讨论的问题，以便进行“麋鹿显现”。

牧人一旦确定下来，领导者便将团队召集起来，用实例解释麋鹿的概念。

如果人们有任何疑问或意见，应当鼓励他们提出来。要营造一种信任的气氛，展示出愿意让人们谈论他们关切的问题的真诚，这对于领导者而言很重要。

接下来，牧人要求团队找出组织中任何“四处游荡的麋鹿”。团队成员在提供的工作单上给每个麋鹿标上从 1 到 10 的分值。1 代表“有点恼人的问题”，10 代表“非常严重的问题”。工作单应匿名填写，然后交给牧人来统计。工作单要保密，这很重要，尤其有些人可能会担心自己的字体会被认出来。

一旦所有工作单都被收集起来，牧人便统计结果。每个麋鹿的分值应是所有人员给出分值的平均数。例如，如果某个问题出现在 4 张不同的工作单上，就将 4 个分数相加，然后除以 4。统计结果以麋鹿所得的分值大小排名，牧人和领导者查看统计结果。

麋鹿显现工作单

麋鹿是指人人皆知却无人去讨论的隐性冲突。请在下面列出影响组织有效运转的难题或冲突。给这些冲突标上从 1 到 10 的分值。1 代表“有点恼人的问题”，10 代表“非常严重的问题”。

麋鹿	分值（1～10）

在全体会议前，团队领导者与牧人应先碰个头。领导者需要了解在工作单上出现的问题，但也不必过于提前给予考虑。在全体会议中，牧人介绍麋鹿显现的结果，然后让大家讨论并明晰这些问题。

一旦找到那些麋鹿后，领导者和团队就可以开始共同努力解决这些问题。尽管解决问题常常不能一蹴而就，但是问题一旦被公开，它们就不再是麋鹿了——只有未公开讨论的问题才是麋鹿。

解决冲突：武术的启示

人们可以用许多方式来思考如何解决冲突。领导者的挑战是找到合适的视角来看待某种特定情形。有这样一个说法：争论即战争。其隐含之意是，争论必有赢家和输家。这种视角对搏斗也适用，但对多数组织冲突来说，这种视角却不适用。一起工作的人们不应将彼此当成敌人。

如果两个相对立的群体能相互合作，找到满足彼此需求的创造性解决方案，那么组织冲突就能最佳地得到解决。遗憾的是，这种建设性关系有时很难建立和维持。对多数人来说，甚至经验丰富的高管，冲突会使组织内部出现反应，从而影响人们有效地解决问题。

也许人们难以相信，但是我的确目睹过领导者动怒过头的情况。他们会以武力相威胁，会一走了之，会固执已见，缺乏灵活应变力。这些也被称做“威胁-僵化”反应。避免人们对冲突产生消极反应并非易事，但不是不可能。为了有效解决冲突，领导者必须：

- 了解哪些情况可能触发这些反应。
- 具备有效的策略来建设性地解决冲突
- 在头脑中思考下这些策略。
- 能将冲突情形看做发挥和提升自己能力的机会。

提升解决冲突的技能可能会很难，有时人们有必要“打破成规”，跳出我们考虑类似情况的常规模式。就我个人而言，在日本武术“合气道”的原则中，我找到了一条有效解决冲突的途径。

虽然“合气道”源于古代，但是当今的“合气道”是由著名武术大师植芝盛平在 20 世纪初所创。翻译过来，“合气道”的意思是利用他人的精气或能量来创造和谐。“合气道”独一无二的特点是它的伦理要求：防御自身却不可伤及他人。实际上，学习“合气道”的人会学到如何化解他人的攻击，而非硬碰硬地予以反击。这一点对化解组织冲突特别有益，因为依照这种思路，冲突会出现双赢结果。

具体来说就是，“合气道”这个比喻非常适用于这样一些情形：人们需要找到令双方满意的解决方法；与他人保持积极的关系很有价值，也值得你投入时间这么做。如果存在这些情形，下列“合气道”观念能帮你取得积极成效。

用于解决冲突的“合气道”原则

1. 形成广泛的认知

- 了解自我。要了解你自己对冲突的反应——也就是说，你会对自己说什么，你感觉如何，如何行动。要了解哪些因素会导致你情绪波动，这些因素何时会导致你做出不恰当或具攻击性的举动。

- 了解他人。想一想，对方过去对冲突是如何做出反应的？如果自己采用不同应对方式，对方会有何不同反应？引发对方情感反应的潜在因素是什么？是否有些特殊因素会引发消极反应？这些陷阱是否可以避免？
- 了解冲突情形。这是一个须直接面对的问题吗？抑或是一场无谓的权力争斗，如同第 7 章所述的麦克尼什反叛的情形？如果在不构成隐性冲突的前提下人们可以避免问题，也许不予理会更简单些。这种方法极少用于解决情感问题，但在“合气道”中这确实是常用方法。

2．培养平衡感：保持重心，脚踏实地

- 维护自我空间。虽然你在小心堤防着对手，但是你并不是一块门垫，不要让对手从你身上踏过。
- 身体放松。处理棘手问题时，我们自然会感到紧张。注意你的肌肉状态，如果肩膀已快接近耳朵，请放松！
- 呼吸。练习瑜伽和武术时，人们有时会赋予深呼吸近乎神秘的特性。然而深层而缓慢的呼吸，几次深深的吸气和缓缓的吐气，会带来显著的积极效果。
- 自我对话。应对情绪问题时，对自己说一个或几个简短的词语，能帮你保持平衡，如“要镇定”“别上当”“数到十”。
- 利用幽默的力量。本书第 8 章强调了幽默在化解紧张局面时的作用。幽默对化解冲突起到重要作用。要记住重要一点，幽默要应用于给人们带来真正的欢乐，它不是嘲讽对手的武器。
- 找到合适的地点。选择一个能使人感到放松或平静的地点，不要到一个对话可能会被人听到的公共场合。为了尽量避免力量的失衡，最好找一处人们无须担心地域归属问题的中立地点。

- 选择合适的时机。就像麋鹿显现必须选择适当的时机一样，直面棘手问题最好在其他压力都很小的情况下进行。
- 使用有形提示物。进行一场情绪冲突前，想一想你想成为怎样的人，你打算如何展现自我。例如，你可以想象自己是一根竹子，扎根于土壤中，充满韧性。或者你可以想一想你认识的，能很好处理冲突的某个人，并一直想着这个人。

3．交融：将自己的精力与想法与他人的相融合。

- 用非对抗性方式来应对冲突。当你们一起碰面，讨论某个问题时，要积极展示自己，并大胆表明自己的立场。要让对方应对实质性的东西 。
- 真诚地从他人角度看问题。做出反应前，要确保你了解对方的陈述。先将你听到的东西概括一下，然后再以有效的方式做出反应。
- 求同存异。找到共同点，无论它有多么小。都可以使事情有所进展。

4．引导：将冲突力量转换为积极的解决对策

- 想象一下你想要的冲突解决结果。斯科皮·巴比是一家知名赛车驾校的创办人。他的一句话常被人引用："你的目标在哪里，车就会开到哪里，所以先看看你要前往的目标。""合气道"的教练也这样认为，他们鼓励学员通过想象来延伸体内的"气"（内在精力）。在脑海中要有一套清晰的、成功的冲突解决方案。冲突白热化时，它可起到重要的控制方向的作用。
- 受到攻击时，不要急于回应，要稳住阵脚。要避免煽动性话语，以防冲突升级。承认冲突的存在，并继续往前走。

- 要着眼现在和将来，而非过去。争论谁何时做过什么，这只会分散人们的注意力，对达成协议无益。
- 为攻击者提供机会，使他改变立场而又不至于尴尬。给他人一个台阶，不要试图证明他或她是错的。
- 寻求能切合每个人目标的其他方案。找到第三种方案，或找到一个能融合各种方案的“调和方案”。
- 通过改变价值维度来处理僵局。要灵活多变，在那些对他人很重要，对你不会有太大损失的事情上，你可稍作让步。
- 重申双方就彼此目标所达成的一致。在彼此的精力和注意力都指向共同的方向时，继续与对方相融合。

结束语

领导者掌握解决冲突艺术的过程非常类似学习“合气道”，它需要不断练习和重复。通常，挑战来临时，最佳反应不是那个最容易的或最自然的反应。事实上，最有效的行动也许（至少首先）与直觉相反。事情会有挫折，当事情出状况时，我喜欢回想起人们常常认为是马克·吐温所说的话：“经验会使人做出良好的判断，而经验却源于糟糕的判断。”因此，还是先获得一些经验吧！

反侵权盗版声明

举报电话：（010）88254396；（010）88258888

传　　真：（010）88254397

E-mail：　dbqq@phei.com.cn

通信地址：北京市万寿路173信箱

电子工业出版社总编办公室

邮　　编：100036